★ ★ ★ ★ ★

조현기 변호사의
쉽게 이해하는

지역주택
조합 해설집

★★★★★

조현기 변호사의
쉽게 이해하는

조현기 지음

지역주택
조합 해설집

바른북스

지주택 관련자, 지주택 조합원 등이 반드시 알아야 할 사항

필자는 지역주택조합 전문변호사로 현재 다수의 지역주택조합의 자문 및 소송을 진행하고 있다. 필자에게 현재 자문을 하고 있는 지역주택조합 외 다수의 지역주택조합에서 여러 방면으로 질의를 구하는데 이에 모두 답변을 드리지 못하고 있다. 이에 필자는 지역주택조합 질의에 모두 답변을 하지 못하는 미안함과 죄송함에 블로그(blog.naver.com/helplaw119) 등의 운영을 통해 관련 내용을 전달하려고 계속해서 노력하고 있다. 그러나, 지역주택조합의 제도를 전반적으로 이해하고 필수적인 내용을 전달하기에 그 내용이 방대하여 책을 출간하기로 하였다.

지역주택조합은 주택법에서 규율하고 있는데 주택법 및 관련 규정이 계속해서 변경되고 있어 계속해서 변경되는 사항을 확인할 필요가 있다. 본서는 지역주택조합의 주택사업에 있어서 반드시 알아야만 하는 사항을 최대한 간략하게 기재하려고 노력했다. 본서에 기재된 대강의 내용만이라도 지역주택조합의 임원진들, 용역업체, 조합원들, 예비조합원분들이 이해하고 업무에 참고되었으면 한다.

필자는 다수의 지역주택조합의 자문 및 소송을 진행하면서 자문 및 재판참석 등을 위해 전국 법원을 다니고 있다. 해당 지역에 가면 지역주택조합의 사업을 확인하여 여러 곳을 직접 가보곤 했는데, 실제 사업이 진행이 잘되는 곳이 있는 반면 원활하게 진행되지 않아 분쟁이 발생하여 각종 현수막이 걸려 있는 곳도 있어 안타까울 때가 있다.

정확한 통계는 없으나, 전국적으로 약 2,000여 개의 지역주택조합 및 추진위원회가 주택사업을 진행하고 있는 것으로 알고 있다. 지역주택조합이 서민들에게 저렴한 비용으로 새 보금자리를 마련해주기 위한 제도인 만큼 주택사업에 성공하여 조합원들에게 새 보금자리가 마련될 수 있기를 기원하며 필자는 계속해서 지역주택조합의 제도에 작은 목소리를 낼 것이며 주택사업의 성공에 작은 기여라도 할 수 있기를 기원한다.

2021. 9. 22.

지역주택조합 전문
변호사 조현기 드림

본서에 오류가 있거나 질의하실 내용이 있다면 저희 사무실 메일주소를 남겨드리니 이메일로 주시거나 메일을 사용하지 않는 분들은 아래 연락처로 주시면 됩니다. 최대한 성실히 답변을 드리도록 하겠습니다.

-법률사무소 현인-
사무실 이메일주소 : helplaw911@hanmail.net
지역주택조합 블로그 : blog.naver.com/helplaw119
카카오톡, 메시지 수신전화 : 010 7483 9625

目次

목차

| 머리말 | 지주택 관련자, 지주택 조합원 등이 반드시 알아야 할 사항

 제1장 **지역주택조합의 개념**

제2장 지역주택조합 조합원의 지위

제3장 지역주택조합의 구성 및 운영

제4장 지역주택조합 주택사업과정에서의 유의점들

제5장 지역주택조합 관련 소송

지역주택조합의 성공요건

조합원들에게 드리는 글

피해야 할 지역주택조합 유형

제9장 지역주택조합 가입 시 알아야 할 사항

제10장 글을 마치며

제11장 참고자료

제1장

지역주택

조합의

개념

1.
지역주택조합의 사업 개괄
· · · · ·

최근 5~6년간 지역주택조합에 관한 언론보도가 유난히 많았다. 안타깝게도 지역주택조합에 관한 좋은 소식보다는 좋지 않은 소식이 상대적으로 많았다. 지역주택조합의 사업의 특성을 이해하고 조합원들이 적극적으로 주택사업에 참여한다면 지역주택조합의 주택사업의 성공적인 진행에 큰 도움이 될 것이라 믿는다.

필자가 본 책을 만들게 된 이유도 필자에게 자문을 구하는 조합 및 조합원들에게 모두 답해드리지 못한 미안함과 지역주택조합의 주택사업에 관한 전반적인 이해를 도와 전국에서 진행되고 있는 지역주택조합의 주택사업의 진행 및 성공에 미약하게나마 도움이 되고자 함이다.

2.
용어의 정리

· · · · · ·

가. 지역주택조합

재개발은 노후된 지역의 토지 등 부동산 소유자들이 조합원이 되어 조합을 설립하고 해당 지역에 새 아파트를 건설하는 것이다. 이에 반해 지역주택조합은 해당 지역의 토지 등 소유자가 아닌 외부 투자자들이 조합을 구성하여 위 지역을 토지를 매수하여 아파트를 건설하는 것이다.

지역주택조합은 외부 투자자들이 토지를 매입해서 새 아파트를 건설하기 때문에 기존의 토지 등 소유자가 조합원이 되는 재개발사업에 비해 주택사업의 성공률이 낮은 편이다. 즉, 재개발과 달리 아파트를 건설한 토지가 없는 상태에서 주택사업을 시작하기 때문에 상대적으로 성공률이 낮은 것은 필연적이라 할 수도 있다. 물론 재개발 정비사업도 조합이 해산되거나 사업 수익성의 부족으로 실패하는 경우도 있다.

나. 업무대행사

지역주택조합은 외부 투자자들이 모여서 조합원이 되어 조합을 결성하여 주택사업을 추진한다. 조합원들 중에서 조합장, 이사, 감사 등 임원을 선출하게 되며 위 집행부 구성원들이 주택사업에 경험이 없는 경우가 많다. 이에 지역주택조합에서는 조합원 모집, 토지확보, 총회개최 및 진행 등 조합의 주요업무를 대행해줄 업무대행사를 선정하는 경우가 많다.

지역주택조합에서 업무대행사를 선정하면서 체결하는 업무대행계약서를 잘 작성해야 할 필요성은 아무리 강조해도 지나치지 않다. 첫 단추부터 잘못 맞추게 되면 조합의 업무 전반을 해야 하는 업무대행사에게 끌려갈 수밖에 없다. 이는 필자가 업무대행사의 용역계약서 등의 검토 및 자문이 반드시 필요하다고 강조하는 이유이기도 하다.

주택사업의 사업주체는 지역주택조합이며 조합원이며 이에 주택사업에 관한 최종적인 결정권은 조합 및 조합원이 당연히 가져야 하는 것이다. 주택사업이 실패하면 그 책임을 부담하는 것도 조합 및 조합원이기 때문이다.

다. 조합설립인가

지역주택조합은 추진위원회라는 이름으로 시작하게 된다. 이후 조합설립인가 요건을 갖추어 구청 등 관할 관청에 조합설립인가를 신청하게 되는데, 조합설립인가를 받게 되며 드디어 지역주택조합이 탄생하게 된 것이고 본격적으로 주택사업을 추진하게 된다. 이에 지역주택조합의 설립인가를 받게 되면 해당 조합에서 현수막을 걸고 대대적인 홍보를 하는 경우가 많다.

주택법에서는 조합설립인가 신청 시 필요한 서류에 관해 아래 〈표〉와 같이 정하고 있다. 간혹 일부 지역주택조합에서 조합원 모집을 위해 조

합설립인가 신청을 했다고 홍보하는 경우가 있는데 조합설립인가 신청
서에 아래 〈표〉와 같은 서류가 포함되지 않으면 조합설립인가를 받을
가능성이 낮다. 실제 조합설립인가 신청이 되었다면 해당 신청서에 아
래 기재 서류가 모두 첨부되었는지 확인할 필요가 있다.

-주택법 시행령-

제20조(주택조합의 설립인가 등)

① 법 제11조제1항에 따라 주택조합의 설립·변경 또는
해산의 인가를 받으려는 자는 신청서에 다음 각 호의
구분에 따른 서류를 첨부하여 주택건설대지(리모델링주
택조합의 경우에는 해당 주택의 소재지를 말한다. 이하 같다)를
관할하는 시장·군수·구청장에게 제출해야 한다. 〈
개정 2019. 10. 22., 2020. 7. 24.〉

1. 설립인가 신청 : 다음 각 목의 구분에 따른 서류
가. 지역주택조합 또는 직장주택조합의 경우
　　1) 창립총회 회의록
　　2) 조합장선출동의서

3) 조합원 전원이 자필로 연명(連名)한 조합규약

4) 조합원 명부

5) 사업계획서

6) 해당 주택건설대지의 80퍼센트 이상에 해당하는 토지의 사용권원을 확보하였음을 증명하는 서류

7) 해당 주택건설대지의 15퍼센트 이상에 해당하는 토지의 소유권을 확보하였음을 증명하는 서류

8) 그 밖에 국토교통부령으로 정하는 서류

-주택법 시행규칙-

제7조(주택조합의 설립인가 신청 등)

① 영 제20조제1항 각 호 외의 부분에 따른 신청서는 별지 제9호 서식에 따른다.

② 영 제20조제1항제1호가목5)에 따른 사업계획서에는 다음 각 호의 사항을 적어야 한다.

1. 조합주택건설예정세대수

2. 조합주택건설예정지의 지번 · 지목 · 등기명의자

3. 도시 · 군관리계획(『국토의 계획 및 이용에 관한 법률』제2
    조제4호에 따른 도시 · 군관리계획을 말한다. 이하 같다)상의
    용도
4. 대지 및 주변 현황

③ 영 제20조제1항제1호가목8)에서 "국토교통부령으로
    정하는 서류"란 다음 각 호의 서류를 말한다. 〈개정
    2020. 7. 24.〉
1. 고용자가 확인한 근무확인서(직장주택조합의 경우만 해
    당한다)
2. 조합원 자격이 있는 자임을 확인하는 서류

라. 사업계획승인

사업계획승인 신청을 간단하게 말하면 '건축허가'로 볼 수 있다. 해당
지역주택조합에서 몇 동, 몇 세대, 몇 평의 아파트를 건설할 것인지 사
업계획을 세워 구청 등 관할청에서 승인을 받고 아파트를 본격적으로
건설하게 된다. 위와 같은 조합의 사업계획을 관할청으로부터 승인받
는 것을 사업계획승인이라고 한다.

마. 도시 및 주거환경정비법

도시 및 주거환경정비법은 재개발 및 재건축을 규율하는 법이다. 줄여서 '도정법'이라고 많이 부른다. 지역주택조합을 설명하는 데 갑자기 도정법을 언급하는 것을 의문스러워 할 수 있으나 재개발 및 재건축 사업과 지역주택조합에 비슷한 면이 많아 지역주택조합을 규율하는 주택법에 근거 규정이 없는 경우 위 도정법 및 관련 사례를 차용하여 해석하기도 한다. 이에 지역주택조합을 이해하기 위해서 도정법을 알아두면 많은 도움이 된다.

참고로 도정법은 제1조에서 그 목적을 "이 법은 도시기능의 회복이 필요하거나 주거환경이 불량한 지역을 계획적으로 정비하고 노후·불량건축물을 효율적으로 개량하기 위하여 필요한 사항을 규정함으로써 도시환경을 개선하고 주거생활의 질을 높이는 데 이바지함을 목적으로 한다."라고 정하고 있다.

바. 주택법

지역주택조합에 관해서는 주택법에서 규율하고 있다. 다만, 도정법에 비해서 그 내용이 상대적으로 부족한 부분이 있다. 그러나 어찌 되었든 지역주택조합의 설립, 운영하는 근간이 되는 법이다. 따라서 지역주택조합의 임원, 업무대행사, 조합원 등은 반드시 주택법 및 주택법 시행령, 주택법 시행규칙 확인하고 해석할 수 있어야 하겠다.

참고로 주택법 제1조에서 그 목적을 "이 법은 쾌적하고 살기 좋은 주거환경 조성에 필요한 주택의 건설·공급 및 주택시장의 관리 등에 관한 사항을 정함으로써 국민의 주거안정과 주거수준의 향상에 이바지함을 목적으로 한다."라고 정하고 있다.

사. 조합규약

조합규약은 조합 내부적인 규범으로 조합 내부의 의사결정, 조합과 조합원 간의 관계 등에 관한 기준이 된다. 다만 위 조합규약은 주택법 등에 위반되어서는 안 된다는 한계를 가진다. 위 조합규약은 정관이라고 표현하기도 하는데 어떤 용어를 사용해도 무방하다고 할 것이다.

3.
지역주택조합
주택사업의 장단점
· · · · ·

지역주택조합의 가장 큰 장점은 저렴한 비용으로 조합가입계약을 체결하고 새 아파트를 구입할 수 있다는 점, 까다로운 청약조건이 없이 조합원 자격요건을 갖춘 경우 조합원 가입을 할 수 있다는 점이다. 다만, 조합마다 추가부담금이 발생하는 경우가 있어 어느 정도 저렴한 비용으로 구입할 수 있을지는 일률적으로 말하기는 어렵다.

지역주택조합의 단점은 크게 2가지라고 생각된다. 첫 번째는 아파트를 건설한 토지를 확보하지 못한 상태에서 토지를 매입하는 방식으로 주택사업을 진행하기 때문에 주택사업이 시작되면 해당 토지의 매매가가 상승하게 되어 조합원들에게 추가부담금이 발생할 여지가 높다.

　두 번째는 지역주택조합을 규율하는 주택법의 규정이 재개발 · 재건축을 규율하는 도정법에 비해서 상대적으로 미흡한 부분이 많다. 지역주택조합의 주택사업은 재개발 · 재건축의 정비사업과는 다른 사업이고 다르게 규율되어야 할 필요도 있다. 그러나, 재개발 · 재건축을 규율하는 도정법과 달리 지역주택조합을 규율하는 주택법은 최근 여러 차례 개정되었으나 아직까지도 도정법 법조문에 비해 미흡한 부분이 많다. 이에 대한 보완책이 필요하다고 할 것이다.

제2장

지역주택조합

조합원의

지위

1.
조합원 자격
· · · · ·

　지역주택조합의 조합원 자격은 주택법 시행령에서 정하고 있고 표준 규약 및 개별 조합규약에서도 정하고 있다. 다음에 상세히 설명하겠으 나 표준규약은 법적인 구속력은 없고 조합들에게 조합규약을 작성할 때 참조하여 작성하라는 취지의 것이다.

　따라서 표준규약과 내용을 달리하는 조합규약에 효력에 문제가 발생 한다고 보기는 어렵다. 다만, 주택법, 주택법 시행령, 주택법 시행규칙 은 강제력이 있는 법 규정으로 이에 반하는 조합규약은 그 효력이 무효 가 될 가능성이 있다.

　주택법 시행령 제21조에서는 조합원 자격과 관련해서 아래 〈표〉와 같이 정하고 있다.

-주택법 시행령-

제21조(조합원의 자격)

① 법 제11조에 따른 주택조합의 조합원이 될 수 있는 사
람은 다음 각 호의 구분에 따른 사람으로 한다. 다만,
조합원의 사망으로 그 지위를 상속받는 자는 다음 각
호의 요건에도 불구하고 조합원이 될 수 있다. 〈개정
2019. 10. 22.〉

**1. 지역주택조합 조합원 : 다음 각 목의 요건을 모두 갖춘
사람**

가. 조합설립인가 신청일(해당 주택건설대지가 법 제63조에 따른
투기과열지구 안에 있는 경우에는 조합설립인가 신청일 1년 전의
날을 말한다. 이하 같다)**부터 해당 조합주택의 입주가능
일까지 주택을 소유**(주택의 유형, 입주자 선정방법 등을 고
려하여 국토교통부령으로 정하는 지위에 있는 경우를 포함한다.

이하 이 호에서 같다)하는지에 대하여 다음의 어느 하나
에 해당할 것

1) 국토교통부령으로 정하는 기준에 따라 세대주를 포
   함한 세대원[세대주와 동일한 세대별 주민등록표에
   등재되어 있지 아니한 세대주의 배우자 및 그 배우
   자와 동일한 세대를 이루고 있는 사람을 포함한다.
   이하 2)에서 같다] 전원이 주택을 소유하고 있지 아
   니한 세대의 세대주일 것

2) 국토교통부령으로 정하는 기준에 따라 세대주를 포
   함한 세대원 중 1명에 한정하여 주거전용면적 85㎡
   이하의 주택 1채를 소유한 세대의 세대주일 것

나. 조합설립인가 신청일 현재 법 제2조제11호가목의 구
   분에 따른 지역에 6개월 이상 계속하여 거주하여 온
   사람일 것

다. 본인 또는 본인과 같은 세대별 주민등록표에 등재되
   어 있지 않은 배우자가 같은 또는 다른 지역주택조합
   의 조합원이거나 직장주택조합의 조합원이 아닐 것

조합원 자격과 관련해서 세대주로서 세대원 전원이 주택을 소유하고 있지 아니할 것을 요구하며 주택을 소유하고 있지 않거나 85㎡ 이하의 주택 1채를 소유할 것을 요구한다. 특히 위 조합원 자격요건은 조합설립인가 신청부터 입주 시까지 요구하기 때문에 조합가입계약을 체설할 때 조합설립인가가 언제 났으며 자신에게 위 조합원 자격이 있는지 여부를 반드시 확인하고 조합가입계약을 체결하는 것이 좋다.

특히, 위 조합설립인가 신청일은 주택건설대지가 법 제63조에 따른 투기과열지구 안에 있는 경우에는 조합설립인가 신청일 1년 전의 날로 기준을 정해야 하기 때문에 투기과열지구에서 조합원 가입을 하는 경우 유의해야 한다. 참고로 서울특별시 전역 25개 구는 2017. 8. 3. 투기과열지구로 지정되어 현재까지 투기과열지구로 지정되어 있다.

투기과열지구 지정 현황

지정일자	지정지역
2017. 8. 3.	서울특별시 전역(25개 區), 경기도 과천시, 세종특별자치시[1]
2017. 9. 6.	경기도 성남시 분당구, 대구광역시 수성구
2018. 8. 28.	경기도 광명시, 하남시
2020. 6. 19.	경기도 수원시, 성남시 수정구, 안양시, 안산시 단원구, 구리시, 군포시, 의왕시, 용인시 수지구·기흥구, 동탄2택지개발지구[2], 인천광역시 연수구, 남동구, 서구, 대전광역시 동구, 중구, 서구, 유성구

※ 독자들은 반드시 현재의 투기과열지구 현황을 확인하기 바란다. 참고로 투기과열지구 현황은 국토교통부 홈페이지에 가면 쉽게 확인할 수 있다.

2.
조합원 권리행사

· · · · ·

표준규약에는 조합원의 권리에 관해서 아래 〈표〉와 같이 정하고 있다.

---

* 표준규약-

제10조(조합원의 권리와 의무)

① 조합원은 다음 각 호의 권리를 갖는다

　1. 사업계획으로 정한 조합주택의 공급청구권

　2. 총회의 출석권 · 발언권 및 의결권

　3. 임원과 대의원의 선출권 및 피선출권. 피선출권은
　　 조합원에 한하며 조합원 이외의 자는 임원 및 대
　　 의원으로 선출될 수 없다.

· · · · · · · · · · · · · ·

1　건설교통부고시 제2006-418호에 따라 지정된 행정중심복합도시 건설 예정지역으로, 「신행정수
　　도 후속대책을 위한 연기 · 공주지역 행정중심복합도시 건설을 위한 특별법」 제15조 제1호에 따
　　라 해제된 지역을 포함

2　화성시 반송동 · 석우동, 동탄면 금곡리 · 목리 · 방교리 · 산척리 · 송리 · 신리 · 영천리 · 오산
　　리 · 장지리 · 중리 · 청계리 일원에 지정된 동탄2택지개발지구에 한함

위와 같은 조합원의 권리는 언제 행사할 수 있는지에 관해서 문의를 많이 하는데, 특별한 사정이 없다면 조합원 명부에 변경인가를 받았는지 여부와 상관없이 조합원 가입계약을 체결한 날로부터 조합원으로서의 권리를 행사할 수 있다.

3.
조합원 자격의
상실 및 분담금 반환

· · · · ·

가. 조합원 자격의 상실

지역주택조합의 조합원 자격은 조합설립인가 신청일부터 입주 시까지 조합원 가격을 구비할 것을 요구하기 때문에 중간에 조합원 자격을 상실하는 경우가 있다. 특히 입주를 1~2달 정도 앞두고 조합원 자격을 상실해서 입주하지 못하고 분담금 반환 정산을 하는 경우도 있어 주의를 요한다.

최근 대법원에서는 지역주택조합의 세대주 자격을 상실하게 된 경우 조합원 자격을 자동 상실한다고 판단했다. 이에 조합원들은 자격유지에 유념해야 한다.

[조합원지위부존재등청구의소]

    갑 지역주택조합의 조합원인 을이 조합주택 입주가능일이 도래하기 전에 구 주택법 2016. 1. 19. 법률 제13805호로 전부 개정되기 전의 것, 이하 같다)과 구 주택법 시행령(2016. 8. 11. 대통령령 제27444호로 전부 개정되기 전의 것, 이하 같다) 등에서 정한 세대주 자격을 상실하였다며 갑 조합을 상대로 조합원 지위 부존재 확인 등을 구한 사안에서, 구 주택법 제32조 제7항, 구 주택법 시행령 제38조 제1항 제1호, 제2항 및 갑 조합의 조합규약에 따르면, 을의 경우와 같이 조합원이 조합주택의 입주가능일 도래 전에 세대주 자격을 상실하여 조합원 자격에 해당하지 않게 된 경우, 그 조합원은 조합원 자격을 자동으로 상실하고 조합원 지위 역시 상실한다고 보아야 하는 점, 을이 갑 조합과 체결한 가입계약에서는 '을이 관련 법규 및 규약에 의거 주택조합의 조합원 자격을 상실하였을 때, 갑 조합은 이행의 최고 또는 기타 별도의 조치를 취함이 없이 즉시 계약을 해지할 수 있으며, 이때 갑의 조합원 자격은 자동으로 상실된다'고 정하고 있는데, 이는 해당 사유 발생 시 갑 조합의 계약해지 없이도 을의 조합원 자격은 당연히 상실되고, 이때 갑 조합은 을에게 그 자격상실을 확인하는 의미에서 통지하도록 하는 것으로 볼 여지가 있는 점, 가입계약에서 '본 계약서에 표시되지 않은 내용에 대해서는 위임장, 각서, 조합규약 및 공사도급계약서에 따르기로 한다'고 정하고 있는데, 이는 가입계약의 계약서에 표시되지 않은 내용에 대하여는 위임장, 각서, 조합규약 등에서 정한 사항을 보충적으로 적용한다는 취지일 뿐 반드시 가입계약이 조합규약보다 우선 적용된다거나 가입계약으로써 그 후 제정, 시행된 조합규약의 적용과 효력을 부인할 수 있다는 취지는 아닌 점 등을 종합하면, 비록 갑 조합이 가입계약을 해지하지 않았더라도 을은 세대주 자격상실로 조합원 자격을 상실하여 더 이상 갑 조합의 조합원이 아니라고 봄이 타당한데도, 갑 조합이 가입계약을 해지하지 않은 이상 을이 갑 조합의 조합원 지위를 상실하지 않았다고 본 원심판단에는 법리오해 등의 잘못이 있다.

나. 조합원 자격의 확인

조합가입계약을 체결할 당시에는 조합원 자격이 있었으나, 이후 세대주 변경 또는 주택의 구입으로 조합원 자격을 상실한 경우가 있다. 물론, 조합원들이 주택법의 전문가는 아니기 때문에 자신이 조합원 자격을 상실하였는지 모르는 경우가 정말 많다. 특히 일시적으로 세대주를 변경한 경우 그 기간이 단 하루라도 조합원 자격이 상실될 수 있다는 사실을 모르는 조합원들이 많다. 그렇다면 조합원 자격은 언제 어떻게 조회를 하는 것일까?

조합원 자격의 조회에 관해서 주택법 제14조에는 아래와 같이 국가가 관리하고 있는 행정전산망 등을 이용하여 구성원 자격 등에 관한 필요한 사항을 확인할 수 있다고 규정이 있다.

제14조(주택조합에 대한 감독 등)

① 국토교통부 장관 또는 시장 · 군수 · 구청장은 주택공급에 관한 질서를 유지하기 위하여 특히 필요하다고 인정되는 경우에는 국가가 관리하고 있는 행정전산망 등을 이용하여 주택조합 구성원의 자격 등에 관하여 필요한 사항을 확인할 수 있다.

그렇다면, 행정청에서는 언제 지역주택조합 조합원의 자격을 확인할까? 이에 관해서는 주택법 시행규칙 제8조에 구체적으로 규정하고 있다.

-주택법 시행규칙-

제8조(조합원의 자격확인 등)

③ 시장 · 군수 · 구청장은 지역주택조합 또는 직장주택조합에 대하여 다음 각 호의 행위를 하려는 경우에는 국토교통부 장관에게 「정보통신망 이용촉진 및 정보 보호 등에 관한 법률」에 따라 구성된 주택전산망을 이용한 전산검색을 의뢰하여 영 제21조제1항제1호 및 같은 항 제2호에 따른 조합원 자격에 해당하는지를 확인해야 한다. 〈개정 2019. 10. 29.〉

1. 법 제11조에 따라 주택조합설립인가(조합원의 교체 · 신규가입에 따른 변경인가를 포함한다)를 하려는 경우

2. 해당 주택조합에 대하여 법 제15조에 따른 사업계획승인을 하려는 경우

3. 해당 조합주택에 대하여 법 제49조에 따른 사용검사 또는 임시 사용승인을 하려는 경우

다. 분담금의 반환

조합에서의 분담금 반환 시기, 공제금액, 반환금액 등에 관해서는 조

합가입계약서, 조합규약, 공급계약서 등을 기준으로 정할 수밖에 없다. 분담금 반환에서 관해서 위 조합가입계약서, 조합규약, 공급계약서의 내용과 일치하지 않는다면 해석의 분쟁이 발생하게 되므로, 조합에서는 되도록 모순되지 않고 통일적으로 해석될 수 있게 내용을 정리할 필요가 있다.

대다수 지역주택조합 조합규약에는 조합원 자격상실의 경우 새로운 조합원으로 대체되고 새 조합원이 계약금 등의 분담금을 모두 입금을 완료한 경우에 기존 조합원 자격을 상실한 자에게 분담금을 반환하는 것으로 정하고 있다.

위와 같은 조합규약의 내용이 조합원 자격상실 한 자에게 불리한 내용에 해당하며 약관에 해당한다는 일부 하급심 판례가 있으나, 대개의 경우 조합규약은 약관에 해당하지 않는다고 판단하고 있으며 위 조합규약에 따라 새로운 조합원으로 대체되고 분담금을 입금 완료한 시점에 조합의 분담금 반환의무의 이행기가 도래되었다고 해석한다.

[납입금 반환 청구의 소]

나) 약관법 또는 민법 제103조에 의하여 무효라는 주장에 관한 판단

(1) 이 사건 규약이 약관법 제2조에서 정한 '약관'에 해당하는지의 점에 관하여 보건대, 이 사건 규약은 조합총회의 결의로 제정되어 피고의 조합원과 기관 등을 구속하는 자치법규일 뿐 약관법의 적용 대상인 약관이라고 볼 수는 없으므로, 이 사건 규약이 약관임을 전제로 한 원고들의 위 주장은 이유 없다.

(2) 설령 이 사건 규약이 약관에 해당하는 이 사건 조합원 가입계약에 편입되어 약관법의 적용을 받는다고 하더라도, ① 지역주택조합은 조합원들이 납입한 분담금 등을 재원으로 하여 주택건설사업을 추진하고, 사업에 필요한 비용이 증가하거나 사업이 실패하게 되면 그에 따른 손실을 결국 조합원들이 공동으로 부담하여야 하므로, 지역주택조합이 주택건설사업을 추진하는 데에는 상당한 자금의 확보가

필요하고, 진행과정에서 여러 가지 변수가 존재하여 사업이 완료될 때까지 상당한 시간이 소요되는 바, 조합원의 탈퇴가 자유롭고 분담금의 반환에 아무런 제한이 없다면 갑작스러운 조합원의 감소와 조합 재원의 유출로 그 사업추진이 불가능하거나 현저히 곤란하게 됨으로써 남아 있는 조합원들에게 피해를 줄 수 있는 점, ② 국토교통부가 제정한 지역주택조합 표준규약 제12조 제1항도 규약 제12조 1항과 같은 내용의 규정을 두고 있는 점 등의 사정에 비추어 보면, 조합원의 탈퇴를 제한한 규약 제12조 제1항이 약관법 제6조 제1항, 제2항 제1호, 제9조 제1호 또는 민법 제103조에 의하여 무효라고 볼 수 없다.

따라서, 조합원 자격을 상실하거나 탈퇴를 원하는 조합원은 반드시 조합규약규정을 확인해야 한다. 그리고 해당 조합에서의 탈퇴가 가능한지, 탈퇴가 가능하다면 그 절차를 어떻게 정하고 있는지, 분담금 반환이 가능한지, 분담금 반환이 가능하다면 공제되는 금액이 어느 정도인지, 분담금 반환의 이행기는 어떻게 정하고 있는지를 확인해야 한다.

필자에게도 조합원 자격과 분담금 반환에 관해서 정말 많이 문의를 준다. 필자의 사무실에서 전국에 많은 조합의 조합규약을 가지고 있으나 조합규약은 변동되는 경우가 있기 때문에 해당 조합의 최신 규약을 첨부하여 자문을 구하는 것이 좋다.

실무적으로 조합원 가입계약을 체결하고 세대주 변경 등으로 조합원 자격상실을 할 수는 있으나, 조합규약에 따라 일률적으로 말하기 어려우나 일반적으로 분담금 반환은 쉽지 않다. 이에 최근 주택법이 개정되었고 후술하는 바와 같이 일정한 조건하에서 조합가입의 철회 및 지급한 금원의 반환을 인정하고 있다.

대구고등법원 2020. 2. 14. 선고 2018나24340 판결
[납입금 반환 청구의 소]

2) 규약 제12조 제4항의 분담금 반환 시기를 정한 부분이 무효인지의 점에 관한 판단 : 부정

가) 이 사건 규약이 약관법의 적용 대상인 약관에 해당하지 않음은 앞서 본 바와 같다.

나) 설령 이 사건 규약이 약관에 해당하는 이 사건 조합원 가입계약에 편입되어 약관법의 적용을 받는다고 하더라도, i) 규약 제12조 제4항의 반환 시기 제한규정은 피고의 분담금 반환의무 자체를 면제하거나 부당하게 경감하는 내용이 아니어서 분담금의 반환 시기를 불확정 기한으로 정하고, 총회의 의결로써 따로 정할 수 있도록 정한 사정만으로 그것이 고객에게 다소 불이익함을 넘어서 상대방의 정당한 이익과 합리적인 기대에 반하여 형평에 어긋난다거나 건전한 거래질서를 훼손하는 정도에 이르렀다고 단정할 수 없고, ii) 지역주택조합사업에 필요한 비용이 증가하거나 사업이 실패하면, 조합에 가입한 조합원들이 그에 따른 손실을 공동으로 부담하여야 하는 점을 고려할 때, 일부 조합원이 탈퇴 등의 사유로 조합원 지위를 상실하여 분담금의 반환을 청구하는 경우, 잔존 조합원들에게 분담금 반환을 위한 추가 재원 마련의 부담을 부가하지 않으면서 조합원 지위를 상실한 조합원을 대체하는 신규조합원 또는 일반분양자가 모집될 때까지 분담금의 반환을 보류하는 것은 관련 당사자들의 적절한 이익의 조정에 해당한다고 보이며, iii)

지역주택조합 표준규약 제12조 제4항도 '분담금의 반환 시기를 총회의 의결로써 따로 정할 수 있다'고 규정한 점에 비추어, 규약 세12조 제4항이 분담금 반환 시기를 지역주택조합 표준규약에서 정한 것과 달리 규정하였다는 사정만으로 그것이 원고들에게 현저하게 불리하다고 할 수 없으므로, 조합원 지위를 상실한 조합원에게 반환할 분담금의 반환 시기를 제한한 규약 제12조 제4항의 해당 부분은 약관법 제6조 또는 민법 제103조에 의하여 무효라고 볼 수 없다.

따라서 조합탈퇴, 조합원 자격상실 등을 원인으로 분담금 반환을 청구하기 전에 청약의 철회 요건에 해당하는지 알아볼 필요가 있다. 청약의 철회는 주택법 개정으로 새로 신설되었기에 항을 바꾸어서 상세히 알아보도록 하겠다.

4.
청약의 철회

· · · · ·

주택법 제11조의6에서는 아래 〈표〉와 같이 조합가입철회 및 가입비 반환에 관해서 정하고 있다.

-주택법-

제11조의6(조합가입 철회 및 가입비 등의 반환)

① 모집주체는 주택조합의 가입을 신청한 자가 주택조합 가입을 신청하는 때에 납부하여야 하는 일체의 금전 (이하 "가입비등"이라 한다)을 대통령령으로 정하는 기관 (이하 "예치기관"이라 한다)에 예치하도록 하여야 한다. 〈개정 2020. 1. 23.〉

② 주택조합의 가입을 신청한 자는 가입비등을 예치한 날부터 30일 이내에 주택조합 가입에 관한 청약을 철회할 수 있다.

③ 청약 철회를 서면으로 하는 경우에는 청약 철회의 의사를 표시한 서면을 발송한 날에 그 효력이 발생한다.

④ 모집주체는 주택조합의 가입을 신청한 자가 청약 철회를 한 경우 청약 철회 의사가 도달한 날부터 7일 이내에 예치기관의 장에게 가입비등의 반환을 요청하여야 한다.

⑤ 예치기관의 장은 제4항에 따른 가입비등의 반환 요청을 받은 경우 요청일부터 10일 이내에 그 가입비등을 예치한 자에게 반환하여야 한다.

⑥ 모집주체는 주택조합의 가입을 신청한 자에게 청약 철회를 이유로 위약금 또는 손해배상을 청구할 수 없다.

⑦ 제2항에 따른 기간 이내에는 제11조제8항 및 제9항을 적용하지 않는다.

⑧ 제1항에 따라 예치된 가입비등의 관리, 지급 및 반환과 제2항에 따른 청약 철회의 절차 및 방법 등에 관한 사항은 대통령령으로 정한다.

위 개정된 주택법에 의하면 주택조합의 가입을 신청한 자는 가입비 등을 예치한 날로부터 30일 이내 청약을 철회할 수 있다고 정하고 있다. 청약 철회의 방법에 관해서는 특별한 규정은 없고 서면으로 할 경우 서면을 발송한 날에 효력이 발생한다고 규정하고 있는데, 되도록 내용증명 등의 서면으로 청약 철회의 의사표시를 하는 것이 좋다. 추후 분쟁 발생 시 30일 이내 청약을 철회했는지 여부가 문제될 경우 이를 입증하기 위해 내용증명 등으로 증거자료를 남겨두는 것이 좋기 때문이다.

나아가, 위 청약 철회의 의사표시에 관한 내용증명에 일정한 형식이 있다고 보기는 어렵다. 해당 서류에 청약 청회의 의사표시, 분담금 반환을 요청하는 내용, 본인 인적사항의 기재, 본인의 서명 및 날인, 본인을 확인할 수 있는 계약서 등 첨부하면 충분하다.

제3장

지역주택조합의

구성 및

운영

1.
이사회

- - - - -

가. 이사회 의의

지역주택조합에서 이사회는 실제 조합의 사무를 집행하는 집행부라고 생각하면 이해하기 쉽다. 표준규약에서는 이사회의 구성, 사무, 소집, 의결방법 등에 관련해서 아래 〈표〉와 같이 정하고 있다.

제29조(이사회의 설치)

① 조합에는 조합의 사무를 집행하기 위하여 조합장과 이사로 구성하는 이사회를 둔다.

---

② 이사회는 조합장이 소집하며, 조합장은 이사회의 의장
이 된다.

제30조(이사회의 사무)

이사회는 다음 각 호의 사무를 집행한다.

1. 조합의 예산 및 통상사무의 집행
2. 총회에 상정할 안건의 심의·결정
3. 기타 조합의 운영 및 사업시행에 관하여 필요한 사항
4. 총회에서 위임한 사항

제31조(이사회의 소집)

① 이사회는 조합장이 필요하다고 인정할 경우에 수시로
개최할 수 있다.

② 이사회의 소집은 회의 개최 1주일 전에 전 임원에게
서면으로 통지하여야 한다. 단 긴급을 요할 시에는 그
러하지 아니하다.

제32조(이사회의 의결 방법)

이사회는 구성원 과반수의 출석으로 개의하고

출석 구성원 과반수의 찬성으로 의결한다.

제33조(감사의 이사회 출석권한 및 감사요청)

① 감사는 이사회에 출석하여 의견을 진술할 수 있다. 다만, 의결권은 가지지 아니한다.

② 이사회 및 대의원회는 조합운영상 필요하다고 인정될 때에는 감사에게 조합의 회계 및 업무에 대한 감사를 실시하도록 요청할 수 있다.

지역주택조합을 자문하다 보면 집행부에서 이사회의 구성원인 조합장, 이사 등이 조합원들의 투표로 선출되어 민주적 정당성이 있기 때문에 모든 문제에 관해 결정권이 있다고 생각하는 경우가 있는데, 반드시 총회의결을 거쳐야 하는 사항도 있다는 사실을 명심해야 한다.

필자에게도 해당 사항이 총회의결사항인지, 이사회 의결사항인지에 관해서 자문을 구하는 경우가 많다. 의심이 된다면 반드시 전문변호사에게 자문을 구할 것을 권하며 반드시 해당 조합의 변경된 조합규약 및 최근 개정된 조합규약을 모두 보내주기를 권한다.

참고로 표준규약에서 이사회의 사무로 정하고 있는 사항은 아래 표와 같다. 이사회 사무 중 '4. 총회에서 위임한 사항'과 관련하여 총회에서 결의해야 할 사항에 관해서 중요한 사항을 정하지 않고 위임하게 되면 해당 총회결의, 이사회 결의 모두 문제가 될 수 있음을 유의해야 한다.

-표준규약-

제30조(이사회의 사무)

이사회는 다음 각 호의 사무를 집행한다.

    1. 조합의 예산 및 통상사무의 집행

    2. 총회에 상정할 안건의 심의 · 결정

    3. 기타 조합의 운영 및 사업시행에 관하여 필요한 사항

    4. 총회에서 위임한 사항

나. 총회개최 시 이사회 의결의 필요성 여부

    지역주택조합을 비롯하여 재개발 및 재건축 조합에서 총회를 진행하기 위한 절차에 관해 정관에서는 "총회를 개최하거나 일시를 변경하는 경위에 총회의 목적, 안건, 일시, 장소, 변경 사유 등에 관하여 '미리 이사회 의결'을 거쳐야 한다."라고 규정하고 있다. 아래 〈표〉상의 표준규약에서도 마찬가지이다.

-표준규약-

제22조(총회의 설치)

① 조합에는 조합원 전원으로 구성되는 총회를 둔다.

② 총회는 창립총회, 정기총회, 임시총회로 구분하며 조합장이 소집한다. 다만, 창립총회는 주택조합추진위원회 위원장, 발기인 등이 소집한다.

③ 정기총회는 매년 회계연도 종료 후 3개월 내에 개최한다. 다만, 부득이한 사정이 있는 경우에는 대의원회또는 이사회 의결로 일시를 변경할 수 있다.

④ 임시총회는 다음 각 호의 경우에 개최한다.
   1. 조합장이 필요하다고 인정하는 경우
   2. 재적조합원 1/5 이상이나 재적대의원 2/3 이상 또는 감사 전원으로부터 안건을 명시하여 서면에 의한 임시총회의 소집요구가 있을 경우

⑤ 제4항제2호의 경우 조합장은 필요성 유무에 불구하고

1개월 이내에 임시총회를 개최하여야 한다. 이 경우 7일 이내에 조합장이 총회소집요구에 응하지 않을 경우에는 총회소집을 요구한 조합원, 내의원, 감사는 법원의 총회소집 허가를 얻어 총회를 소집할 수 있다. 총회소집을 요구한 조합원, 대의원, 감사가 법원에 총회소집 허가신청을 한 뒤에는 조합장은 같은 안건을 목적으로 한 총회를 소집할 수 없다.

⑥ 제2항부터 제4항까지에 따라 총회를 개최하는 경우에는 총회의 목적 · 안건 · 일시 · 장소 등에 관하여 미리 이사회의 의결을 거쳐야 한다.

위 정관규정에 따라 이사회 의결을 통해서 총회의 목적, 안건, 일시, 장소 등에 관해서 미리 이사회 의결을 거치는 것인 원칙이라고 할 것이다. 그러나 경우에 따라서는 급하게 총회를 개최해야 하는데, 이사회의 구성이 제대로 되어 있지 않거나 이사회의 구성이 제대로 되어 있지 않더라도 총회 안건에 반대하는 이사들이 고의적으로 이사회를 개최하지 않는 경우가 종종 있다.

필자에게도 위와 같은 경우에 총회를 강행해야 하는지, 아니면 이사회 결의 거치지 않으면 총회의 취소 또는 무효의 사유가 되는지 많은 질의를 한다. 본 글을 통해서 해당 질문에 답이 되었으면 한다.

결론부터 말하자면 정관규정에 총회개최에 이사회의 결의가 필요하다고 규정되어 있다면 위 이사회 결의를 거치는 것이 타당하다. 다만, 일정한 경우에 따라서 이사회 결의를 거치지 않는다고 하더라도 총회가 취소되거나 무효가 되지 않는 경우도 있다.

법원에서도 이사회 결의를 거치지 않고 총회를 개최한 경우 총회절차에 문제가 있기 때문에 해당 총회개최를 금지해달라는 가처분 신청에 있어 위 이사회 결의를 거치지 않은 것이 총회에 중대한 하자가 있다고 보기 어렵다고 판단한 사례가 있다. 그러나, 위 법원 판결과 배치되는 판결로 이사회 결의가 없이 진행된 총회에는 무효사유가 있다고 판단한 사례도 있다.

위와 같이 법원에서도 정확한 입장이 있다고 보기 어렵기 때문에 되도록 법적인 분쟁을 예방하기 위해서는 이사회 의결을 거쳐 총회를 진행하는 것이 바람직하다고 할 것이다.

다만, 긴급하게 처리해야 할 안건이 있고 조합에 막대한 피해가 있는 경우에 한해서 예외적으로 이사회 결의 없는 총회가 인정될 여지가 있다고 할 것이나, 반드시 조합원들의 공감대 형성이 필요하다고 할 것이며 위와 같은 불가피성에 관해서 충분한 자료를 수집 및 보관해야 할 것이다.

 지역주택조합 주택사업, 재개발 또는 재건축의 정비사업에는 다수의 조합원들과 이해관계가 얽히기 때문에 의사의 합치가 어려운 것이 사실이며, 이를 해결하기 위해 다수의 조합원의 토론이 될 수 있는 총회절차가 있는 것이다. 위 총회절차가 주택사업의 주체인 조합원들을 위한 제도임에 비추어 볼 때, 정관규정에 정한 절차는 반드시 지켜지는 것이 원칙이라 할 것이며 예외적인 사유가 발생한 경우에도 최대한 정관규정에 부합되게 조합을 운영하는 것이 타당하다고 할 것이다.

다. 조합장의 직무집행정지
 다수의 지역주택조합 집행부에서 조합장에 대한 고소 또는 고발사건이 진행되는 경우 고소 또는 고발된 조합장의 직무대행자가 선임되어야 하는지, 아니면 어떠한 절차를 통해서 조합장의 직무집행이 정지되어야 하는지에 관해서 질의를 많이 받는다.

 그러나 이에 대한 정확한 답변을 하기 위해서는 해당 조합의 규약을 확인절차가 반드시 필요하다. 여러 번 말하지만 필자에게 상담을 요청하는 분들은 해당 조합의 규약을 미리 보내주면 원활한 상담에 도움이 될 것이다.

 위와 같이 조합규약에 따라 내용이 다르기 때문에 일률적으로 말하기 어려우나, 조합장의 직무집행정지와 관련해서는 "조합장이 고소, 고발되는 경우 이사회 결의 등을 통하여 조합장의 직무를 정지할 수 있다."는 등의 규정이 있다면 해당 조합장의 직무를 정지할 수 있으며 위 규정에 근거한 이사회 결의가 있었음에도 불구하고 조합장이 자신의 권한을 행사한다면 법원에 조합장의 직무집행정지가처분을 신청할 수도 있다.

법원에 조합장의 직무집행정지 신청을 하게 되면 심문기일을 정하게 되어 신청인과 피신청인에게 출석하여 진술할 기회가 부여되며, 심문 종결 되기까지 공방을 할 수 있다. 대개 직무집행정지 신청일로부터 결정일까지 약 2~3개월 정도의 시간이 소요된다.

라. 조합장의 권한대행 순위

앞서 설명드린 대로 해당 조합의 규약을 반드시 확인하는 것이 필요합니다. 다만 대개의 조합규약의 경우 조합장의 직무대행에 관해서는 "연장자 순으로 나이가 많은 이사가 조합장의 직무를 대행한다.", "감사가 조합장의 직무를 대행한다." 등으로 기재되어 있다. 아래 〈표〉는 표준정관의 내용으로 "이사 중에서 연장자순에 따라 그 직무를 대행한다" 라고 기재되어 있다.

-표준규약-

제19조(임원의 직무 등)

① 조합장은 조합을 대표하고 조합의 사무를 총괄하며 총
   회와 대의원회 및 이사회의 의장이 된다.

② 이사는 이사회에 부의된 사항을 심의·의결하며 이 규
   약 또는 업무규정이 정하는 바에 따라 조합의 사무를
   분담한다.

③ 감사는 조합의 업무 및 재산상태와 회계를 감사하며
   정기총회에 감사결과보고서를 제출하여야 한다. 이
   경우 조합원 1/10 이상의 요청이 있을 때에는 공인회
   계사에게 회계감사를 의뢰하여 공인회계사가 작성한
   감사보고서를 제출하여야 한다.

④ 감사는 조합의 재산관리 또는 업무집행이 공정하지 못
   하거나 부정이 있음을 발견하였을 때에는 대의원회
   또는 총회에 보고하여야 하며, 조합장에게 보고를 위
   한 회의를 소집할 것을 요구할 수 있다. 이 경우 감사
   의 회의 소집요구에도 불구하고 조합장이 회의를 소

집하지 아니하는 경우에는 감사가 직접 회의를 소집
할 수 있다. 회의 소집 절차와 의결방법 등은 제22조
제6항 및 제7항, 제24조, 제27조, 제28조의 규정을 준
용한다.

⑤ 조합장이 자기를 위한 조합과의 계약이나 소송에 관련
되었을 경우에는 감사가 조합을 대표한다.

⑥ 조합장이 유고로 인하여 그 직무를 수행할 수 없을 때에
는 이사 중에서 연장자순에 따라 그 직무를 대행한다.

법원에서 직무집행정지 신청을 인용하는 결정을 하는 경우 직무대행
자를 선정해주는 경우가 대다수인데, 경우에 따라서는 조합규약에 따
라 직무대행자를 선임하면 된다고 판단하여 이를 하지 않는 경우가 있
다. 개인적인 생각으로는 조합장의 직무집행정지만으로도 조합에 큰
혼란을 초래할 수 있다는 점에 비추어 법원에서 직무대행자를 명시적
으로 기재하는 것이 바람직하다고 생각한다.

2.
총회

· · · · ·

가. 총회의 의의

이사회가 집행부의 개념이라면 총회는 최고의사결정 기관이라고 생각하면 이해하기 쉽다. 이해하기 쉽게 이사회가 행정부라고 한다면 총회는 현재 입법부보다 많은 권한을 가진 입법부라고 생각하면 된다(이사회와 총회의 비유는 쉽게 이해하기 위한 것으로 정확히 입법부와 행정부 관계와 일치한다고 볼 수 없음을 밝힌다).

표준규약에서는 총회의 구성, 사무, 소집, 의결방법 등에 관련해서 아래 〈표〉와 같이 정하고 있다.

-표준규약-

제22조(총회의 설치)

① 조합에는 조합원 전원으로 구성되는 총회를 둔다.

② 총회는 창립총회, 정기총회, 임시총회로 구분하며 조

합장이 소집한다. 다만, 창립총회는 주택조합추진위원회 위원장, 발기인 등이 소집한다.

③ 정기총회는 매년 회계연도 종료 후 3개월 내에 개최한다. 다만, 부득이한 사정이 있는 경우에는 대의원회 또는 이사회 의결로 일시를 변경할 수 있다.

④ 임시총회는 다음 각 호의 경우에 개최한다.
  1. 조합장이 필요하다고 인정하는 경우
  2. 재적조합원 1/5 이상이나 재적대의원 2/3 이상 또는 감사 전원으로부터 안건을 명시하여 서면에 의한 임시총회의 소집요구가 있을 경우

⑤ 제4항제2호의 경우 조합장은 필요성 유무에 불구하고 1개월 이내에 임시총회를 개최하여야 한다. 이 경우 7일 이내에 조합장이 총회소집요구에 응하지 않을 경우에는 총회소집을 요구한 조합원, 대의원, 감사는 법원의 총회소집 허가를 얻어 총회를 소집할 수 있다. 총회소집을 요구한 조합원, 대의원, 감사가 법원에 총회소집 허가신청을 한 뒤에는 조합장은 같은 안건을 목적으로 한 총회를 소집할 수 없다.

⑥ 제2항부터 제4항까지에 따라 총회를 개최하는 경우에
는 총회의 목적·안건·일시·장소 등에 관하여 미리
이사회의 의결을 거쳐야 한다.

⑦ 제2항부터 제5항까지에 따라 총회를 개최하는 경우에
는 회의 개최 14일 전부터 회의 목적·안건·일시·
장소 등을 조합사무소의 게시판에 게시하거나, 인터넷
홈페이지 등을 통하여 공고하여야 하며, 각 조합원에게
는 회의 개최 10일 전까지 등기우편으로 이를 발송, 통
지하여야 한다. 다만, 긴급을 요하여 이사회의 의결로
서 정한 경우에는 위 공고기간을 단축할 수 있으나, 최
소한 7일 이상의 공고기간은 부여하여야 한다.

제23조(총회의 의결사항)

① 다음 각 호의 사항은 총회의 의결을 거쳐 결정한다.

　1. 조합규약의 변경

　2. 자금의 차입과 그 방법·이율 및 상환방법

　3. 예산으로 정한 사항 외에 조합원에 부담이 될 계약

　4. 시공자의 선정·변경 및 공사계약의 체결

　5. 조합임원의 선임 및 해임

　6. 사업시행계획의 결정 및 변경. 단, 법령에 의한 변

경 및 인 · 허가과정에서 변경된 경우는 제외한다.

7. 사업비의 조합원별 분담 명세

8. 조합해산의 결의 및 해산 시 회계 보고

9. 업무대행자 선정 · 변경 및 업무대행계약의 체결

10. 예산 및 결산의 승인

11. 기타 주택법령 및 이 규약 또는 조합설립인가조건
    에서 총회의 의결을 요하는 사항

12. 업무규정, 회계규정, 보수규정, 선거관리규정 등
    조합내부 규정의 제정 및 개정

② 제1항에 따른 총회의 의결사항은 대의원회, 이사회 등
에 위임할 수 없다.

제24조(총회의 의결방법)

① 총회에서 의결을 하는 경우에는 조합원의 100분의
10(창립총회, 「주택법 시행규칙」 제7조제5항에 따라 반드시 총회
의 의결을 거쳐야 하는 사항을 의결하는 총회의 경우에는 조합원
의 100분의 20을 말한다) 이상이 직접 출석하여야 한다.

② 총회는 이 규약에 달리 정함이 없는 한 재적조합원 과
반수의 출석으로 개의하고 출석조합원의 과반수 찬성

으로 의결한다.

③ 제1항에 불구하고 다음 각 호에 관한 사항은 재적조합
원 2/3 이상의 출석과 출석조합원 2/3 이상의 찬성으
로 의결한다.
1. 사업종료의 경우를 제외하고 조합해산을 의결하는 경우
2. 조합규약의 변경

④ 조합원은 서면이나 대리인을 통하여 의결권을 행사할
수 있다. 이 경우 제1항에 따른 직접 참석으로 보지 아
니한다.

⑤ 조합원은 제3항에 따라 서면으로 의결권을 행사하는
때에는 안건내용에 대한 의사를 표시하여 총회 전일
까지 조합에 도착되도록 제출하여야 한다.

⑥ 조합원은 제3항에 따라 대리인으로 하여금 의결권을
행사하는 때에는 성년자를 대리인으로 정하여 조합에
위임장을 제출하여야 한다.

총회와 관련하여 가장 주의 깊게 확인해야 하는 것은 바로 총회의 결의사항에 관한 규정이다. 조합규약 또는 주택법에서 총회의 결의사항이라고 정한 사항에 관해서 총회결의를 거치지 않았다면 해당 법률행위는 무효가 될 가능성이 높다.

특히, 총회의결은 사전의결이 원칙이라는 점을 알아두어야 한다. 도정법에서는 사전의결의 원칙을 위반하는 경우 형사처벌하는 규정을 두고 있으나 주택법에서는 위와 같은 사전의결의 원칙을 위반하는 경우 처벌하는 규정이 없어 조합에서 사전의결이 아닌 사후추인을 하는 경우가 많다. 그러나, 원칙은 주택법 또는 조합규약에서 총회의결사항으로 정하거나 총회의결이 필요한 경우 사전의결을 거쳐야 한다는 점을 명심해야 한다.

주택법 시행령 및 시행규칙에서는 아래 〈표〉와 같이 반드시 총회의결을 거쳐야 하는 사항에 관해서 정하고 있다. 해당 조합의 조합규약에 기재된 사항 그리고 아래 주택법 시행령 및 시행규칙에서 정하고 있는 사항을 반드시 확인해야 한다.

-주택법 시행령-

제20조(주택조합의 설립인가 등)

③ 제2항제9호에도 불구하고 국토교통부령으로 정하는 사항은 반드시 총회의 의결을 거쳐야 한다.

④ 총회의 의결을 하는 경우에는 조합원의 100분의 10 이상이 직접 출석하여야 한다. 다만, 창립총회 또는 제3항에 따라 국토교통부령으로 정하는 사항을 의결하는 총회의 경우에는 조합원의 100분의 20 이상이 직접 출석하여야 한다. 〈신설 2017. 6. 2.〉

-주택법 시행규칙-

⑤ 영 제20조제3항에서 "국토교통부령으로 정하는 사항" 이란 다음 각 호의 사항을 말한다. 〈개정 2017. 6. 2., 2019. 5. 31., 2020. 7. 24.〉

1. 조합규약(영 제20조제2항 각 호의 사항만 해당한다)의 변경

2. 자금의 차입과 그 방법·이자율 및 상환방법

3. 예산으로 정한 사항 외에 조합원에게 부담이 될 계약의 체결

　3의2. 법 제11조의2제1항에 따른 업무대행자(이하 "업무대행자"라 한다)의 선정·변경 및 업무대행계약의 체결

4. 시공자의 선정·변경 및 공사계약의 체결

5. 조합임원의 선임 및 해임

6. 사업비의 조합원별 분담 명세 확정(리모델링주택조합의 경우 법 제68조제4항에 따른 안전진단 결과에 따라 구조설계의 변경이 필요한 경우 발생할 수 있는 추가 비용의 분담안을 포함한다) 및 변경

7. 사업비의 세부항목별 사용계획이 포함된 예산안

8. 조합해산의 결의 및 해산 시의 회계 보고

　　조합규약에서의 총회결의 사항이 주택법 등 관련규정에 기재된 내용과 일치하지 않는 경우는 위 조합규약, 주택법 관련규정에서 총회결의 사항이라고 기재된 사항은 모두 총회결의 사항이라고 보는 것이 타당하다.

　　나아가, 필자에게 총회진행에 관해서 많이 물어보는 질문 중 4가지를

소개하도록 하겠다.

나. 의안의 상정 순서

총회진행과 관련하여 의안상정은 매우 신중하게 고민하고 결정해야 한다. 특히 정관규정을 변경하고 해당 규정을 적용되어야 하는 경우에는 더 그렇다. 이 경우 정관규정변경 안건에 관해 먼저 상정하여 의결을 거치고 난 후 심의 표결 후 '가결선포'까지 해야 한다. 위와 같은 절차를 모두 거쳐야만 해당 정관규정의 변경 안건이 총회에서 결의된 것으로 해당 규정을 적용할 수 있기 때문이다.

다. 의안상정 순서의 변경 가부

조합에서는 총회를 진행하기 위해 대략적인 안건, 목표, 일시, 장소 등을 책자를 통해 조합원에게 통지하고 일정한 방법으로 해당 내용을 공고하게 된다.

위와 같이 이미 조합원들에게 통지하고 공고한 의안상정의 순서를 변경해도 되냐는 질문을 많이 하는데, '상당한 이유'가 있다면 의안상정의 순서를 변경하더라도 무방하다. 다만, 의안의 순서를 변경하여 상정한다면 해당 내용을 의사진행 발언에서 하는 것이 불필요한 오해 및 혼란을 방지한다는 측면에서 좋다.

라. 긴급안건 상정 가부

총회에서 안건을 상정하는 것은 미리 총회책자 등으로 조합원들에게 통지를 한 사항에 한정되는 것이다. 이에 의장 또는 사회자가 소집통지서 등에 기재된 안건을 해당 총회에서 철회할 수 없다는 점에 비추어 별다른 정관의 규정 없이 긴급안건이라는 이름으로 새로운 안건을 상정할 수 없다고 할 것이다.

만약, 긴급하게 처리해야 할 안건이 있다면 다시 총회소집 절차를 거쳐서 안건을 상정하여 결의하는 게 가장 안전한 방법이라 할 것이며 만약 긴급안건에 관한 정관규정이 있다면 해당 규정에 근거하여 처리하는 것이 바람직하다고 할 것이다. 만약, 긴급안건에 관하여 정관에 규정도 없는데도 불구하고 해당 총회에서 상정하여 의결처리 하였다면 해당 결의는 무효에 해당할 가능성이 높다. 표준규약에서는 아래 〈표〉와 같이 긴급안건의 처리에 관하여 정하고 있다.

-표준규약-

제22조(총회의 설치)

① 조합에는 조합원 전원으로 구성되는 총회를 둔다.

---

② 총회는 창립총회, 정기총회, 임시총회로 구분하며 조합장이 소집한다. 다만, 창립총회는 주택조합추진위원회 위원장, 빌기인 등이 소집한다.

③ 정기총회는 매년 회계연도 종료 후 3개월 내에 개최한다. 다만, 부득이한 사정이 있는 경우에는 대의원회 또는 이사회 의결로 일시를 변경할 수 있다.

④ 임시총회는 다음 각 호의 경우에 개최한다.
   1. 조합장이 필요하다고 인정하는 경우
   2. 재적조합원 1/5 이상이나 재적대의원 2/3 이상 또는 감사 전원으로부터 안건을 명시하여 서면에 의한 임시총회의 소집요구가 있을 경우

⑤ 제4항제2호의 경우 조합장은 필요성 유무에 불구하고 1개월 이내에 임시총회를 개최하여야 한다. 이 경우 7일 이내에 조합장이 총회소집요구에 응하지 않을 경우에는 총회소집을 요구한 조합원, 대의원, 감사는 법원의 총회소집 허가를 얻어 총회를 소집할 수 있다. 총회소집을 요구한 조합원, 대의원, 감사가 법원에 총회소집 허가신청을 한 뒤에는 조합장은 같은 안건을

목적으로 한 총회를 소집할 수 없다.

⑥ 제2항부터 제4항까지에 따라 총회를 개최하는 경우에
는 총회의 목적·안건·일시·장소 등에 관하여 미리
이사회의 의결을 거쳐야 한다.

⑦ 제2항부터 제5항까지에 따라 총회를 개최하는 경우에
는 회의 개최 14일 전부터 회의 목적·안건·일시·
장소 등을 조합사무소의 게시판에 게시하거나, 인터
넷홈페이지 등을 통하여 공고하여야 하며, 각 조합원
에게는 회의 개최 10일 전까지 등기우편으로 이를 발
송, 통지하여야 한다. 다만, 긴급을 요하여 이사회의 의
결로서 정한 경우에는 위 공고기간을 단축할 수 있으
나, 최소한 7일 이상의 공고기간은 부여하여야 한다.

마. 의안의 찬반토론

조합에서 총회를 통해 안건을 상정하고 결의하는 이유는 조합원들의
의사를 묻기 위한 것이고, 나아가 찬성과 반대의 토론을 하기 위한 것
이다. 다만, 경우에 따라 극명하게 찬반이 나뉘는 경우에는 토론을 위한
토론의 장이 되어 그 끝을 알 수 없을 정도로 격렬한 논쟁이 이어지는

경우가 있다. 극히 드물지만 물리적인 충돌로 이어지는 경우도 있다.

총회를 무한정 할 수 있는 것이 아니며, 결국에는 찬성과 반대의 표 대결로 할 수밖에 없어 지나친 논생은 자제하는 것이 좋다. 의장 또는 사회자가 어디까지 찬반토론을 진행해야 하는가에 대한 명확한 기준은 없다. 이에 대한 관련법 및 조합규약 등에 별다른 규정 등이 없기 때문이다. 결국 애매한 결론이지만 총회에서의 찬반토론은 적절한 선에서 허용된다고 할 것이다.

3.
대의원회

· · · · ·

지역주택조합의 규모가 달라 일률적으로 말하기 어려우나, 대개는 조합원이 300명 이상이며 많은 곳은 5,000명 가까이 되는 경우도 있다. 총회는 위 조합원들이 모두 참석대상자로서 총회장소에 모이는 것이 원칙이라고 할 것이나, 실제 위와 같은 인원을 모은다는 것은 사실상 어렵기 때문에 작은 총회인 '대의원회 제도'가 필요하다.

그러나, 주택법에서는 대의원회 제도에 관해서 제대로 규정하고 있지 않다. 필자의 견해로는 이는 입법의 불비라고 본다. 실제 몇몇 지역주택조합에서 조합규약에 대의원회 제도를 규정하고 있고 이에 근거하여 운영되는 경우가 있으나 대의원회가 없는 경우가 많다. 이에 반해 재개발 정비사업에서는 대부분의 조합에서 대의원회가 있으며 활발한 활동을 하고 있다.

지역주택조합은 재개발 정비조합에 비해 상대적으로 조합원 수가 적은 편이다. 이에 주택법에서 대의원회 제도를 상세히 규정하지 않은 것으로 보이나 추후 주택법에서 대의원회에 관해 구체적으로 정의, 권한, 대의원의 선출 방법, 대의원회의 의결방법 등에 규정하는 것이 필요하다고 생각한다.

표준규약에서는 대의원회에 관해서 아래 〈표〉와 같이 정하고 있다. 개별 지역주택조합의 조합규약에서는 대의원회를 규정하고 있지 않은 경우도 있다.

-표준규약-

제25조(대의원회의 설치)

① 조합에는 대의원회를 둘 수 있다.

② 대의원회는 조합원 ○명당 1인을 기준으로 선출하며, 대의원의 총수는 ○명 이상 ○명 이내로 한다.

제26조(대의원회의 직무)

대의원회는 다음 각 호의 사항을 심의 · 의결한다.

1. 총회 부의안건의 사전심의 및 총회로부터 위임받은 사항
2. 예산 및 결산안의 심의
3. 비위방지 등을 위한 감사요청권 등 기타 규약으로 정하는 사항

제27조(대의원회의 소집)

① 대의원회는 의장이 필요하다고 인정하는 때에 소집한다. 다만, 대의원 1/3 이상이 회의 목적 사항을 제시하고 대의원회의 소집을 요구하는 때에는 의장은 즉시

대의원회를 소집하여야 한다. 이 경우 의장이 대의원
회의를 소집하지 않을 경우에는 회의 소집을 요구하
는 대의원 공동명의로 소집할 수 있다.

② 대의원회의 소집은 회의 개최 7일 전까지 회의 목적·
안건·일시·장소 등을 조합사무소의 게시판에 게시
하거나, 인터넷홈페이지 등을 통하여 공고하여야 하
며 각 대의원에게는 등기우편으로 이를 발송, 통지하
여야 한다. 다만, 긴급을 요하여 이사회의 의결로써
정한 경우에는 그러하지 아니하다.

제28조(대의원회의 의결방법)

① 대의원회는 재적대의원 과반수의 출석으로 개의하고
출석대의원 과반수 찬성으로 의결한다.

② 제24조제4항 및 제5항(서면 및 대리인에 의한 의결권 행사)
규정은 대의원회에 준용한다.

제4장

지역주택조합

주택사업과정에서의

유의점들

1.
토지확보의 중요성
· · · · ·

지역주택조합은 토지를 확보하지 않은 상태에서 조합원들로부터 분담금을 받아서 이를 자본금으로 하여 토지를 매수하여 확보한 토지 위에 아파트를 건축하는 사업이다.

아래 〈표〉상의 주택법에서도 잘 알 수 있듯이 주택건설대지의 80퍼센트 이상의 토지의 사용권원, 15퍼센트 이상의 토지의 소유권을 확보해야 조합설립인가를 받을 수 있고, 95퍼센트 이상의 토지의 사용권원을 확보해야 나머지 토지에 대해서 매도청구 할 수 있다. 따라서 지역주택조합의 주택사업에서 토지확보비율은 매우 중요하다.

-주택법-

제11조(주택조합의 설립 등)

① 많은 수의 구성원이 주택을 마련하거나 리모델링하기 위하여 주택조합을 설립하려는 경우(제5항에 따른 직장주택조합의 경우는 제외한다)에는 관할 특별자치시장, 특별자치도지사, 시장, 군수 또는 구청장(구청장은 자치구의 구청장을 말하며, 이하 "시장·군수·구청장"이라 한다)의 인가를 받아야 한다. 인가받은 내용을 변경하거나 주택조합을 해산하려는 경우에도 또한 같다.

② 제1항에 따라 주택을 마련하기 위하여 주택조합설립인가를 받으려는 자는 다음 각 호의 요건을 모두 갖추어야 한다. 다만, 제1항 후단의 경우에는 그러하지 아니하다. 〈개정 2020. 1. 23.〉

1. 해당 주택건설대지의 80퍼센트 이상에 해당하는 토지의 사용권원을 확보할 것
2. 해당 주택건설대지의 15퍼센트 이상에 해당하는 토지의 소유권을 확보할 것

제22조(매도청구 등)

① 제21조제1항제1호에 따라 사업계획승인을 받은 사업
주체는 다음 각 호에 따라 해당 주택건설대지 중 사용
할 수 있는 권원을 확보하지 못한 대지(건축물을 포함한
다. 이하 이 조 및 제23조에서 같다)의 소유자에게 그 대지를
시가(시가)로 매도할 것을 청구할 수 있다. 이 경우 매
도청구 대상이 되는 대지의 소유자와 매도청구를 하
기 전에 3개월 이상 협의를 하여야 한다.
1. 주택건설대지면적의 95퍼센트 이상의 사용권원을
확보한 경우 : 사용권원을 확보하지 못한 대지의 모
든 소유자에게 매도청구 가능

위와 같이 지역주택조합의 주택사업에서 토지사용권원, 토지소유권
의 확보는 지역주택조합사업의 승패를 좌우하는 매우 중요한 요소 중
에서도 가장 중요한 요소라고 할 것이다.

필자에게 하루에도 여러 번 "XX지역주택조합에 가입해도 될까요?"
라고 물어보는 경우가 많다. 해당 지역주택조합이 어느 지역에서 주택
사업을 하고 있고, 토지사용권원 및 토지소유권의 확보비율을 반드시
알아보라고 권한다.

그런데, 가끔 지역주택조합의 광고를 보다 보면 토지매입비율 등을 허위 또는 과장하여 광고하는 경우가 종종 있다. 여기서 광고의 종류는 정말 다양한데 대부분 현수막, 팸플릿, 인터넷 블로그 등 통해서 광고를 하고 있다.

특히, 토지매입을 100퍼센트 했다는 등의 문구로 광고를 한다면 정말 토지 100퍼센트의 사용권원 또는 소유권을 확보했는지 확인해봐야 한다. 물론 해당 지역주택조합에서 토지사용권원 또는 소유권을 100퍼센트 매입했을 가능성을 배제할 수 없으나, 주택사업 초기에 주택사업지 사용권원 또는 소유권을 100퍼센트 확보하는 것은 결코 쉬운 일이 아니기 때문이다. 이에 지역주택조합에 가입하고자 하는 예비조합원들의 경우 위와 같은 광고문구 등을 반드시 촬영하는 등의 방법으로 확보해 놓는 것이 좋다.

백번 양보하여 위와 같이 허위 또는 과장광고로 토지확보비율을 조합원들에게 속였다고 하더라도, 주택사업이 원만히 성공한다면 사실 크게 문제될 것이 없을 수 있다. 그러나, 위와 같이 토지확보비율에 관해 허위 또는 과장광고를 하여 조합원을 속였고, 이후 주택사업마저 지연되는 등 지지부진하다면 어떻게 해야 할까?

조합원 입장에서는 조합 측에서 토지매입비율에 관해 허위 또는 과장광고를 했다는 것을 들어 조합원 가입계약을 취소할 수 있다. 조합원 가입계약을 취소하기 위해서는 허위 또는 과장광고를 했다는 사실을 입증할 수 있어야 한다. 좀 전에 허위 또는 과장광고 자료를 확보해놓으라는 이유도 바로 이 때문이다.

2.
브릿지 대출

· · · · ·

가. 브릿지 대출의 필요성

지역주택조합의 경우 주택사업을 시작할 토지를 확보하지 않은 상태에서 사업을 시작하기 때문에 조합운영비, 토지매입비 등을 확보하는 것이 사업승패의 관건이다. 이에 지역주택조합에서 주택사업 초기 사업자금을 마련하기 위해 브릿지 대출이라는 이름으로 자금을 확보한다. 브릿지 대출을 이해하기 위해서는 브릿지 대출의 특징에 대해서 알아보도록 하겠다.

나. 신용대출

전술한 바와 같이 지역주택조합에서 주택사업을 위한 토지 자금을 마련하기 위해서 브릿지 대출이 필요하다. 그러나, 조합은 토지가 확보되지 않은 상태에서 자금을 확보하는 것이 쉽지 않다. 이는 금융권에 담보로 제공할 것이 없기 때문이다.

토지가 확보되지 않은 상태에서 무엇을 담보로 해서 금융권에서 자금을 차용해야 할까? 바로 조합원들의 신용을 담보로 해서 금융권에서 자금을 차용하는데 이를 브릿지론이라 한다.

조합마다 조금씩 다르겠지만 보통 3천만 원에서 많게는 5천만 원 이상 브릿지 대출을 하고 있다. 조합가입계약서를 자세히 살펴보면 위와 같은 신용대출을 추후 진행한다는 점에 관해서 동의한다는 문구가 기재되어 있다.

위 브릿지 대출은 기본적으로 신용대출이기에 조합원의 신용도에 따라 대출이 안 되는 경우가 있다. 위와 같은 대출이 되지 않으면 해당 조합원이 자비로 해당 금원을 지급해야 할 수도 있다.

다. 제2금융권의 대출

지역주택조합의 브릿지 대출은 보통 제2금융권에서 받으며 1금융권에서 브릿지 대출을 받은 경우는 거의 없다. 각 저축은행, 신협, 농협, 수협 등이 대표적이며 사업이 클 경우 여러 단위농협, 단위수협에서 자금을 대출받기도 한다.

그러나, 신용대출이며 제2금융권이기 때문에 이자율이 높다. 보통 7~10퍼센트 정도인데, 조합원들의 부담을 완화하기 위해 조합에서 위 이자를 부담해주는 경우가 많다. 그러나 조합에서 위 이자를 부담해준다고 하더라도 결국 조합원들의 분담금에서 지급되는 것이기에 조합원들 입장에서 당장 이자를 안 내도 된다고 하더라도 결국에는 큰 차이가 없다고 할 수 있다.

라. PF자금 대출의 중간다리

브릿지 대출은 일단 조합원들의 신용으로 확보한 자금으로 토지를 확보하고, 확보한 토지를 담보로 PF대출을 일으키는 중간과정으로 활용되는 경우가 많다(이에 자금대출을 이어준다는 뜻으로 다리를 의미한다는 영어 'bridge'라고 설명하는 의견도 있으나, 어원에 대한 설명은 생략하도록 하겠다). 이후 조합에서는 PF대출로 받은 자금으로 브릿지 대출을 모두 상환하는 경우가 많다.

그러나, 만약 조합에서 토지확보에 실패하여 PF자금 대출을 실행하지 못하게 된다면 개인신용을 담보로 한 대출이기 때문에 조합원 개개인이 모두 책임을 져야 한다는 점도 꼭 명심해야 한다. 그리고 만약 조합원이 해당 대출을 변제하지 못하면 금융권 신용에 문제가 발생할 수 있다.

3.
임의세대
· · · · ·

임의세대라는 말이 주택법, 주택법 시행령에 규정되어 있지 않고 있으며 지역주택조합의 관계자들이 사용하고 있는 말이기 때문에 해당 용어의 정의에 대해서는 의견이 조금씩 다를 수 있다.

임의세대는 간단히 말해 지역주택소합 자격요건을 충족하고 있지 못한 경우, 지역주택조합의 조합원처럼 조합에 대한 분담금 납부의무를 부담하고 향후 아파트를 분양받는 것을 말한다. 조합원에 준하는 지위라고 하여 '준조합원'이라고 부르기도 한다.

필자의 개인적인 견해로는 주택공급에 관한 규칙에 의하면 30세대 미만의 경우 임의분양을 할 수 있다고 정하고 있는데, 위와 같이 조합원 자격이 없는 자에게 임의분양할 의도로 조합가입계약을 체결하게 하여 임의세대로 부르게 된 것이 아닐까 싶다. 다만, 임의세대, 준조합원 어원을 굳이 알 필요는 없지만 해당 단어가 지칭하는 뜻을 아는 것은 중요하다.

다시 말하지만 주택법에서 위와 같은 용어는 없으며, 다만 조합 측에서 1명이라도 더 많은 조합원을 유치하기 위해 만들어낸 용어이다. 통상 지역주택조합 측에서 사용하는 단어이며 지역주택조합에서 조합원을 더 많이 모집하기 위해 생성한 단어로 추측되며 다음에서 살펴보듯이 조합원 자격이 없음에도 불구하고 조합가입계약을 체결하는 것이다.

그러나, 주택법 시행령 등에 지역주택조합의 조합원 자격을 명문화하고 있기 때문에 이를 우회하는 편법이라고 판단되며 임의세대의 경우 추후 아파트를 분양받을 수 있다고 장담할 수 없고 조합원 자격이 없기 때문에 조합원으로서의 다른 권리를 행사하는 것도 어려운 반면 일반 조합원과 같이 조합에 대한 분담금 납무의무 등을 부담하게 된다. 간단하게 말하면 임의세대 또는 준조합원은 조합에 보장되지 않는 권리를 가지고 조합원으로서의 의무는 정확하게 부담하게 되는 것이다.

조합의 집행부에서 임의세대, 준조합원으로서 분담금 납무의무를 부담하고 이후 아파트를 분양받는다면 서로 큰 문제 될 것이 없을 것이다. 그러나, 지역주택조합 주택사업의 성공률이 높지 않은 상황에서 조합 집행부에서 필자에게 임의세대를 어떻게 해야 하는지에 관해서 자문을 구하는 경우가 많다.

필자의 개인적인 견해로는 조합원 자격이 되지 않음에도 조합원 가입계약을 체결한 것이기에 해당 조합가입계약은 무효이며, 납입한 분담금은 부당이득반환으로 청구할 수 있을 것으로 판단된다. 이에 조합에서도 임의세대의 경우 적극적으로 분담금 반환 등을 통하여 정리하는 것이 필요하다고 생각한다.

임의세대, 즉 처음부터 조합원 자격이 없어 원시적 이행불능에 해당하거나 조합규약에 위반하여 무료하고 판단하는 사례들이 있다. 아래 〈표〉는 처음부터 조합원 자격이 없는 경우 원시적 이행불능에 해당하며 이에 따라 조합이 분담금 반환을 해야 한다고 판단한 사례이다.

[부당이득반환 청구의 소]

2. 판단

가. 청구원인에 관한 판단

1) 위 인정사실에 의하면 피고는 원고가 피고의 주택조합 설립인가 신청일인 2016. 1. 2. 기준으로 전용면적 85㎡를 초과하는 주택을 소유하고 있었으므로 원고가 위 주택을 매각하더라도 피고의 조합원이 될 수 없음에도, 2016. 1. 27.경 원고에게 소유 주택을 매각하면 조합원이 될 수 있다고 설명하고 2016. 6. 21. 소유하던 주택을 매각한 원고와 이 사건 2차 계약을 체결하였는바, 이 사건 2차 계약은 당초부터 피고의 조합원 자격이 없는 원고에게 조합원 지위를 부여하는 것을 내용으로 하고 있으므로, 원시적으로 불능인 급부를 목적으로 하는 계약으로서 무효라고 봄이 상당하다. 따라서 피고는 원고에게 원고로부터 지급받은 조합원 분담금과 행정용역비를 부당이득으로 반환할 의무가 있다.

4.
예산안 수립의 필요성

· · · · ·

　필자에게 조합 집행부에서 조합운영에 관련한 질문을 하는 경우가 많은데 특히, 자금지출에 관해서 자문을 구하는 경우가 많다. 이에 조합의 자금지출과 관련하여 예산안 수립의 필요성, 예산안 수립방법 등에 관해서 중요한 사항을 알아보도록 하겠다.

　주택법 시행규칙, 조합규약에는 "예산으로 정한 사항 외에 조합원에게 부담이 될 계약의 체결은 반드시 총회의 의결을 받아야 한다."라고 규정하고 있어, 조합에서 자금을 지출하기 위해서는 예산으로 정했거나, 해당 지출에 관한 총회의 결의가 필요하다.

-주택법 시행령-

제20조(주택조합의 설립인가 등)

③ 제2항제9호에도 불구하고 국토교통부령으로 정하는 사항은 반드시 총회의 의결을 거쳐야 한다.

-주택법 시행규칙-

제7조(주택조합의 설립인가 신청 등)

⑤ 영 제20조제3항에서 "국토교통부령으로 정하는 사항"
이란 다음 각 호의 사항을 말한다. 〈개정 2017. 6. 2.,
2019. 5. 31., 2020. 7. 24.〉

1. 조합규약(영 제20조제2항 각 호의 사항만 해당한다)의 변경

2. 자금의 차입과 그 방법 · 이자율 및 상환방법

3. 예산으로 정한 사항 외에 조합원에게 부담이 될 계
   약의 체결

   3의2. 법 제11조의2제1항에 따른 업무대행자(이하
   "업무대행자"라 한다)의 선정 · 변경 및 업무대행
   계약의 체결

4. 시공자의 선정 · 변경 및 공사계약의 체결

5. 조합임원의 선임 및 해임

6. 사업비의 조합원별 분담 명세 확정(리모델링주택조합
   의 경우 법 제68조제4항에 따른 안전진단 결과에 따라 구조설
   계의 변경이 필요한 경우 발생할 수 있는 추가 비용의 분담안
   을 포함한다) 및 변경

7. 사업비의 세부항목별 사용계획이 포함된 예산안

8. 조합해산의 결의 및 해산 시의 회계 보고

⑥ 국토교통부 장관은 주택조합의 원활한 사업추진 및 조합원의 권리 보호를 위하여 표준 조합규약 및 표준공사계약서를 작성·보급할 수 있다.

⑦ 시장·군수·구청장은 법 제11조제1항에 따라 주택조합의 설립 또는 변경을 인가하였을 때에는 별지 제10호서식의 주택조합설립인가대장에 적고, 별지 제11호서식의 인가필증을 신청인에게 발급하여야 한다.

⑧ 시장·군수·구청장은 법 제11조제1항에 따라 주택조합의 해산인가를 하거나 법 제14조제2항에 따라 주택조합의 설립인가를 취소하였을 때에는 주택조합설립인가대장에 그 내용을 적고, 인가필증을 회수하여야 한다.

⑨ 제7항에 따른 주택조합설립인가대장은 전자적 처리가 불가능한 특별한 사유가 없으면 전자적 처리가 가능한 방법으로 작성·관리하여야 한다.

지역주택조합에서 자금을 지출할 내역이 1~2개가 아니기 때문에 예산안을 산정하여 미리 총회의 의결을 거쳐두는 것이 좋다. 특히 인건비, 회의비, 운영비 등은 조합운영에 반드시 발생하는 비용이므로 세부적인 내역을 상세하고 풍부하게 작성하는 것이 필요하다.

　나아가, 다음 연도의 예산이 부득이하게 회계연도 개시 전까지 의결되지 않는 등 성립되지 않는 경우에 본 예산안에 준하여 집행한다는 '준예산 제도'도 마련해두는 것도 바람직하다. 이는 예산안이 의결되지 않은 경우에 대비해서 필요한 지출에 대한 근거를 마련하기 위함이다.

　만약, 예산안에 산정하지 못한 자금을 지출해야 하는 경우에는 어떻게 해야 할까? 조합의 자금의 지출 또는 금원의 차용은 조합원들에게 부담이 되는 계약에 해당하기 때문에 반드시 '사전에 총회의 의결을 거치는 것이 필요'하다.

　재개발, 재건축을 규율하는 도시 및 주거환경정비법에서는 사전의결을 거치지 않는 경우 형사처벌하는 규정을 두고 있으나, 주택법에서는 위와 같은 형사처벌 규정을 두고 있지는 않다. 그렇다고 하더라도 자금지출을 위한 총회의 결의의 사전결의가 원칙이라는 사실을 반드시 유의해야 한다.

　또한, 지역주택조합에서 임원진의 개인 형사사건 비용은 어떻게 처리해야 할까?에 대해서도 깊게 고민할 필요가 있다. 조합의 자금으로 개인 사건 비용을 처리하여 업무상 횡령죄 등으로 형사처벌을 받을 수도 있기 때문이다.

지역주택조합 집행부에서 가장 많이 질의를 하는 부분이 바로 임원으로서 직무를 수행하다가 주택법 등 위반이나 명예훼손 등으로 고소를 당하는 경우가 있는데, 이를 조합의 비용으로 처리해도 되냐는 것이다.

조합의 임원 입장에서는 해당 일이 지역주택조합에서 임원으로서 활동하다가 발생한 일이기 때문에 당연히 조합의 비용으로 사용 가능한 것이 아니냐라고 생각할 수 있다.

그러나, 원칙적으로 민사사건에서 피고로 임원진 개인이 기재되거나 형사사건에서 피고소인으로 임원진 개인 명의가 기재된 것이라면 해당 임원진 개인이 비용을 지출하는 것이 안전하다.

하급심 중에서는 지역주택조합의 조합장이 조합장으로 직무를 수행하다가 고소를 당한 사건에서 조합의 비용으로 사용하고 총회에서 추인을 받았음에도 불구하고 업무상 횡령죄 등의 명목으로 벌금형을 선고받은 사례가 있다.

위 판결이 타당한지는 별론으로 하더라도 개인 명의로 고소당한 사건을 조합의 비용으로 지출할 경우 형사상 업무상 횡령 등으로 처벌받을 수 있다는 점을 반드시 유의해야 한다.

지역주택조합에서 임원진으로 활동을 하다 보면 경우에 따라서 브릿지 대출에 있어서 연대보증을 해야 하는 경우도 발생하고, 민형사상 피고 또는 피고소인이 되는 경우가 많다.

임원진으로 활동하다가 고소당한 사건이 조합의 업무와 밀접한 관련이 있고 임원으로서 활동을 했기 때문에 고소를 당한 것으로 볼 사정이 있다면 이를 업무상 횡령죄로 처벌하는 것은 타당하지 않다고 볼 여지가 있다. 다만, 일부 하급심에서는 업무상 횡령과 관련하여 엄격하게 해석을 하기 때문에 조합의 비용처리에 있어서 매우 신중해야 한다.

특히, 지역주택조합의 조합규약에는 벌금형만 선고되더라도 임원으로서의 활동이 정지되거나 결격사유로 규정하고 있어 해당 조합규약에서 '임원의 결격사유' 등에 어떻게 규정되어 있는지도 반드시 확인해야 한다.

5.
조합설립인가 및
사업계획승인 시기

· · · · · ·

주택법 시행령에는 주택조합의 설립인가를 받은 날부터 3년이 되는 날까지 사업계획승인을 받지 못하는 경우 대통령령으로 정하는 바에 따라 총회의 의결을 거쳐 해산 여부를 결정하여야 한다, 조합원 모집 신고가 수리된 날부터 2년이 되는 날까지 주택조합설립인가를 받지 못하는 경우 대통령령으로 정하는 바에 따라 주택조합 가입 신청자 전원으로 구성되는 총회의결을 거쳐 주택조합사업의 종결 여부를 결정하도록 하여야 한다고 정하고 있다.

-주택법-

제14조의2(주택조합의 해산 등)

① 주택조합은 제11조제1항에 따른 주택조합의 설립인가를 받은 날부터 3년이 되는 날까지 사업계획승인을 받지 못하는 경우 대통령령으로 정하는 바에 따라 총회의 의결을 거쳐 해산 여부를 결정하여야 한다.

② 주택조합의 발기인은 제11조의3제1항에 따른 조합원 모집 신고가 수리된 날부터 2년이 되는 날까지 주택조합설립인가를 받지 못하는 경우 대통령령으로 정하는 바에 따라 주택조합 가입 신청자 전원으로 구성되는

총회의결을 거쳐 주택조합사업의 종결 여부를 결정하도록 하여야 한다.

-주택법 시행령-

제25조의2(주택조합의 해산 등)

① 주택조합 또는 주택조합의 발기인은 법 제14조의2제1항 또는 제2항에 따라 주택조합의 해산 또는 주택조합 사업의 종결 여부를 결정하려는 경우에는 다음 각 호의 구분에 따른 날부터 3개월 이내에 총회를 개최해야 한다.

　1. 법 제11조제1항에 따른 주택조합설립인가를 받은 날부터 3년이 되는 날까지 사업계획승인을 받지 못하는 경우 : 해당 설립인가를 받은 날부터 3년이 되는 날

　2. 법 제11조의3제1항에 따른 조합원 모집 신고가 수리된 날부터 2년이 되는 날까지 주택조합설립인가를 받지 못하는 경우 : 해당 조합원 모집 신고가 수리된 날부터 2년이 되는 날

② 법 제14조의2제2항에 따라 개최하는 총회에서 주택조합사업의 종결 여부를 결정하는 경우 다음 각 호의 사항을 포함해야 한다.
　1. 사업의 종결 시 회계 보고에 관한 사항
　2. 청산절차, 청산금의 징수 · 지급방법 및 지급절차 등 청산 계획에 관한 사항

③ 법 제14조의2제2항에 따라 개최하는 총회는 다음의 요건을 모두 충족해야 한다. 〈개정 2021. 2. 19.〉
　1. 주택조합 가입 신청자의 3분의 2 이상의 찬성으로 의결할 것
　2. 주택조합 가입 신청자의 100분의 20 이상이 직접 출석할 것. 다만, 제20조제5항 전단에 해당하는 경우는 제외한다.
　3. 제2호 단서의 경우에는 제20조제5항 후단 및 같은 조 제6항에 따를 것. 이 경우 "조합원"은 "주택조합 가입 신청자"로 본다.

④ 주택조합의 해산 또는 사업의 종결을 결의한 경우에는 법 제14조의2제4항에 따라 주택조합의 임원 또는

발기인이 청산인이 된다. 다만, 조합규약 또는 총회의
결의로 달리 정한 경우에는 그에 따른다.

위 규정에 의하면 지역주택조합은 조합설립인가를 받은 날로부터 3
년이 되는 날까지 사업계획승인을 받지 못하면 총회의 의결을 거쳐 해
산 여부를 결정해야 한다고 규정하고 있으며, 추진위원회는 조합원 모
집 신고가 수리된 날로부터 2년이 되는 날까지 조합설립인가를 받지 못
하면 주택사업의 종결 여부를 총회에서 결정해야 한다고 규정하고 있다.

위 규정이 신설된 지 얼마 되지 않았기 때문에 실무적으로 어떻게 해
석이 될 것인지는 더 지켜봐야 하겠으나, 조합설립인가를 받고도 3년이
되는 날까지 사업계획승인을 못 받거나 조합원 모집 신고가 수리된 날
로부터 2년이 경과했다고 하여 총회의결로 해산이 되는 경우가 어느 정
도나 발생할 것인지는 의문이라고 할 것이다.

주택조합의 집행부나 조합원 모두 사업이 어느 정도 지연이 된다고
하더라도, 어떻게 해서든 주택사업을 성공시키는 것이 목적이며 모두
에게 이익이 된다고 판단하기 때문에 총회의결을 통해 해산하는 경우
가 많이 발생하지는 않을 것으로 예상된다. 다만, 위와 같은 규정을 만
들게 된 경위는 지역주택조합의 주택사업이 오랜 기간 지연되는 것을

방지하기 위한 것이라는 점에는 의문의 여지가 없다고 할 것이다.

6.
업무대행사
선정의 중요성
· · · · ·

지역주택조합의 주택사업에서 업무대행사 선정의 중요성은 아무리 강조해도 지나치지 않다. 조합의 주택사업에서 상당 부분을 업무대행사에서 담당하기 때문에 업무대행사의 역량, 경험, 도덕성 등이 주택사업의 성공에 상당한 영향을 미치게 된다.

이에 조합에서는 업무대행사를 선정하기 전에 과거 지역주택조합의 주택사업을 진행한 사실이 있었는지, 해당 주택사업의 진행이 어떠했는지 반드시 확인해볼 필요가 있다.

최근 주택법에서는 업무대행사의 자격, 업무대행사에게 대행시킬 수 있는 주택조합의 업무범위에 관해서 아래 〈표〉와 같이 엄격하게 규정하고 있는데, 조합에서 업무대행사는 선정하는 경우 반드시 확인해야 한다. 특히, 조합에서는 업무대행사와 업무대행계약을 체결할 때 해당 계약서에 업무대행사의 자격요건을 전제로 용역계약이 유효하다는 문구를 기재하는 것이 좋다.

-주택법-

제11조의2(주택조합업무의 대행 등)

① 주택조합(리모델링주택조합은 제외한다. 이하 이 조에서 같다)
및 주택조합의 발기인은 조합원 모집 등 제2항에 따른
주택조합의 업무를 제5조제2항에 따른 공동사업주체
인 등록사업자 또는 다음 각 호의 어느 하나에 해당하
는 자로서 대통령령으로 정하는 자본금을 보유한 자
외의 자에게 대행하게 할 수 없다. 〈개정 2017. 2. 8.,
2020. 1. 23.〉

1. 등록사업자

2. 「공인중개사법」 제9조에 따른 중개업자

3. 「도시 및 주거환경정비법」 제102조에 따른 정비사
   업전문관리업자

4. 「부동산개발업의 관리 및 육성에 관한 법률」 제4조
   에 따른 등록사업자

5. 「자본시장과 금융투자업에 관한 법률」에 따른 신탁업자

6. 그 밖에 다른 법률에 따라 등록한 자로서 대통령령
   으로 정하는 자

② 제1항에 따라 업무대행자에게 대행시킬 수 있는 주택
   조합의 업무는 다음 각 호와 같다. 〈개정 2020. 1. 23.〉
   1. 조합원 모집, 토지확보, 조합설립인가 신청 등 조합
      설립을 위한 업무의 대행
   2. 사업성 검토 및 사업계획서 작성업무의 대행
   3. 설계자 및 시공자 선정에 관한 업무의 지원
   4. 제15조에 따른 사업계획승인 신청 등 사업계획승인
      을 위한 업무의 대행
   5. 계약금 등 자금의 보관 및 그와 관련된 업무의 대행
   6. 그 밖에 총회의 운영업무 지원 등 국토교통부령으
      로 정하는 사항

③ 주택조합 및 주택조합의 발기인은 제2항제5호에 따
   른 업무 중 계약금 등 자금의 보관 업무는 제1항제5호
   에 따른 신탁업자에게 대행하도록 하여야 한다. 〈신설
   2020. 1. 23.〉

④ 제1항에 따른 업무대행자는 국토교통부령으로 정하는

바에 따라 사업연도별로 분기마다 해당 업무의 실적 보고서를 작성하여 주택조합 또는 주택조합의 발기인에게 제출하여야 한다. 〈신설 2020. 1. 23.〉

⑤ 제1항부터 제4항까지의 규정에 따라 주택조합의 업무를 대행하는 자는 신의에 따라 성실하게 업무를 수행하여야 하고, 자신의 귀책사유로 주택조합(발기인을 포함한다) 또는 조합원(주택조합 가입 신청자를 포함한다)에게 손해를 입힌 경우에는 그 손해를 배상할 책임이 있다. 〈개정 2020. 1. 23.〉

⑥ 국토교통부 장관은 주택조합의 원활한 사업추진 및 조합원의 권리 보호를 위하여 공정거래위원회 위원장과 협의를 거쳐 표준업무대행계약서를 작성 · 보급할 수 있다. 〈개정 2020. 1. 23.〉

-주택법 시행령-

제24조의2(주택조합업무대행자의 요건)

법 제11조의2제1항 각 호 외의 부분에서 "대통령령으로 정하는 자본금을 보유한 자"란 다음 각 호의 어느 하나에 해당하는 자를 말한다.

1. 법인인 경우 : 5억 원 이상의 자본금을 보유한 자
2. 개인인 경우 : 10억 원 이상의 자산평가액을 보유한 사람

업무대행사의 자격요건으로 공인중개법상 중개업자인 요건이 있어, 실무상 중개법인이 지역주택조합의 업무대행사를 하는 경우가 많다. 다만 주택법 시행령에서 법인의 경우 5억 원 이상의 자본금을 보유한 자로 제한하고 있어 자본금이 5억 원 이상인지 여부도 반드시 확인해야 한다.

7.
총회개최 시 유의점

· · · · ·

　지역주택조합에서는 총회는 크게 정기총회, 임시총회로 나눌 수 있다. 대개의 조합규약에서는 총회의 종류를 위와 같이 일정한 시기에 개최하는 정기총회와 총회의 필요성이 있을 때 개최하는 임시총회로 구분하고 있다.

-표준규약-

제22조(총회의 설치)

① 조합에는 조합원 전원으로 구성되는 총회를 둔다.

② 총회는 창립총회, 정기총회, 임시총회로 구분하며 조합장이 소집한다. 다만, 창립총회는 주택조합추진위원회 위원장, 발기인 등이 소집한다.

그러나, 실제 정기총회와 임시총회에서의 결의효력에 차이가 없고 정기총회를 개최하지 않고 임시총회로 대체해도 무방하기 때문에 위와 같이 나눌 실익은 크게 없다고 본다.

조합에서 총회를 개최하는 경우 대개는 업무대행사를 통해서 하거나 집행부에서 직접 총회를 개최 및 운영을 하는 경우가 많다. 필자에게 가장 많은 자문을 구하는 부분 중 하나가 바로 총회의 개최 및 운영 부분이다. 조합의 규모 및 사업지 위치에 따라 다를 수 있으나 한번 총회를 개최하면 수천만 원 이상이 들기 때문에 추후 분쟁의 소지를 없애기 위해서 반드시 전문변호사에게 자문을 구하는 것을 권한다.

총회의 개최에서 가장 유의해야 할 점은 의사 및 의결정족수이다. 이에 해당 사항은 주택법 또는 조합규약을 반드시 확인해야 한다. 특히, 주택법에서는 조합원 100분의 10 이상의 직접 출석에 관해서도 정하고 있기 때문에 반드시 직접 출석 조항에 위반되지 않는지 확인해야 하며 일정한 경우에는 조합원 100분의 20 이상의 직접 출석을 요구하고 있다.

-주택법 시행령-

제20조(주택조합의 설립인가 등)

③ 제2항제9호에도 불구하고 국토교통부령으로 정하는 사항은 반드시 총회의 의결을 거쳐야 한다

④ 총회의 의결을 하는 경우에는 조합원의 100분의 10 이상이 직접 출석하여야 한다. 다만, 창립총회 또는 제3항에 따라 국토교통부령으로 정하는 사항을 의결하는 총회의 경우에는 조합원의 100분의 20 이상이 직접 출석하여야 한다. 〈신설 2017. 6. 2.〉

-주택법 시행규칙-

제7조(주택조합의 설립인가 신청 등)

⑤ 영 제20조제3항에서 "국토교통부령으로 정하는 사항" 이란 다음 각 호의 사항을 말한다. 〈개정 2017. 6. 2., 2019. 5. 31., 2020. 7. 24.〉

1. 조합규약(영 제20조제2항 각 호의 사항만 해당한다)의 변경
2. 자금의 차입과 그 방법·이자율 및 상환방법
3. 예산으로 정한 사항 외에 조합원에게 부담이 될 계약의 체결

   3의2. 법 제11조의2제1항에 따른 업무대행자(이하 "업무대행자"라 한다)의 선정·변경 및 업무대행 계약의 체결
4. 시공자의 선정·변경 및 공사계약의 체결
5. 조합임원의 선임 및 해임
6. 사업비의 조합원별 분담 명세 확정(리모델링주택조합의 경우 법 제68조제4항에 따른 안전진단 결과에 따라 구조설계의 변경이 필요한 경우 발생할 수 있는 추가 비용의 분담안을 포함한다) 및 변경
7. 사업비의 세부항목별 사용계획이 포함된 예산안
8. 조합해산의 결의 및 해산 시의 회계 보고

최근 코로나 바이러스의 확산으로 인해 전자총회에 관한 관심도 많아지고 있다. 특히, 앞서 본 바와 같이 주택법에서 조합원들의 직접 출석 의무를 규정하고 있고 정부의 코로나 바이러스 확산을 방지하기 위한 거리두기 시행으로 인해서 총회개최에 어려움을 겪는 경우가 많다.

주택법 시행령에서는 아래 〈표〉와 같이 직접 출석의 예외로 전자총회에 관해서 규정하고 있는데, 일정한 조건에서의 전자총회의 개최가 의무사항이라는 점과 전자적 서명과 인증서를 거쳐 본인 확인의 절차를 거쳐 전자적 방법으로 의결권 행사를 해야 한다는 점을 유의해야 한다.

-주택법 시행령-

제20조(주택조합의 설립인가 등)

⑤ 제4항에도 불구하고 총회의 소집시기에 해당 주택건설대지가 위치한 특별자치시 · 특별자치도 · 시 · 군 · 구(자치구를 말하며, 이하 "시 · 군 · 구"라 한다)에 「감염병의 예방 및 관리에 관한 법률」 제49조제1항제2호에 따라 여러 사람의 집합을 제한하거나 금지하는 조치가 내려진 경우에는 **전자적 방법으로 총회를 개최해야 한다. 이 경우 조합원의 의결권 행사는 「전자서명법」 제2조제2호 및 제6호의 전자서명 및 인증서**(서명자의 실제 이름을 확인할 수 있는 것으로 한정한다)**를 통해 본인 확인을 거쳐 전자적 방법으로 해야 한다.** 〈신설 2021. 2. 19.〉

⑥ 주택조합은 제5항에 따라 전자적 방법으로 총회를 개최하려는 경우 다음 각 호의 사항을 조합원에게 사**전에 통지**해야 한다. 〈신설 2021. 2. 19.〉

1. 총회의 의결사항
2. 전자투표를 하는 방법
3. 전자투표 기간
4. 그 밖에 전자투표 실시에 필요한 기술적인 사항

필자의 개인적인 견해로는 IT 기술의 점진적인 발달로 말미암아 앞으로 전자적 방법을 사용한 총회가 많아질 것은 예상된다. 다만 위 전자적 방법을 통한 총회는 제도적인 보완은 필요해 보인다. 특히 주택법 시행령에서 좀 더 구체적으로 전자적 의결방법 등에 관해서 정하는 것이 필요할 것으로 보인다.

나아가, 상대적으로 고령인 조합원들은 전자적 방법을 통해 의결권 행사가 사실상 어렵기 때문에 위 고령자들의 조합원으로서의 의결권 행사를 제한할 수도 있다는 점에서 많은 고민이 필요하다고 본다. 위 전자적 방법을 통한 의결권 행사가 많은 조합원들의 많은 참석을 유도하기 위한 면이 있다는 면에서 소외되는 자가 없도록 제도적 보완이 필요하다고 하겠다.

8.
시공사 선정 시 유의점

· · · · ·

　지역주택조합의 주택사업에서 시공사의 선정은 추후 조합원들에게 어느 정도 추가분담금이 발생할지, 새 아파트의 일반분양이 어느 정도 경쟁력을 가지게 될지, 주택사업의 수익성이 어떻게 될지, 시공사로부터 사업자금을 차용할 수 있는지 등을 정하게 되는 아주 중요한 사항이다. 시공사 선정의 중요도를 수치로 표현하자면 지역주택조합의 주택사업에서 약 30퍼센트 이상을 차지하는 중요한 부분이라고도 할 수 있다.

　그럼에도 불구하고 위와 같은 중요한 부분인 시공사 선정 및 도급계약체결에 있어서 대부분의 지역주택조합에서는 별다른 자문도 없이 브랜드에 대한 선호도와 평당 공사금액만 고민하여 도급계약을 체결하는 경우가 많다. 하지만 위 부분은 반드시 전문변호사의 자문이 반드시 필요한 부분이다.

　실제 평당 시공사와 공사금액을 정하더라도 추가공사대금의 발생사유 등을 정확히 정하지 않으면 조합은 시공사의 추가공사대금 요구를 거절하기 어렵다. 예를 들면 추가공사대금 발생사유로 기재하는 원자재 수급불균형 등과 같은 추상적인 사유를 기재한다면 그 해석이 모호하며 조합과 시공사의 입장이 다를 수밖에 없어 조합은 시공사의 추가공사대금 요구를 피하기 어렵다. 또한, 한번 도급계약을 체결하여 시공사에서 착공한 후 공사를 진행하는 중에 공사중단의 위험까지 거론하는 시공사의 추가공사대금의 요구를 거절하기는 매우 어렵다. 만약 일시적으로라도 시공사가 공사를 중단한다면 조합원들은 조합 집행부를 향한 거센 비난에 직면할 수 있기 때문이다.

특히, 시공사와의 도급계약서에 도급금액에 상당 부분을 차지하는 마감재에 관해서 별다른 기준을 정하지 않는 경우가 많은데, 마감재는 공사대금 중 많은 부분을 차지하는 것으로 구체적으로 기준을 정하지 않으면 추후 분쟁의 소지가 매우 높으며 시공사는 위 모호한 마감재 기준 규정을 이용해서 상대적으로 저렴한 마감재를 사용해서 수익률을 높이려고 할 것이며 이는 곧바로 조합 및 조합원들의 손해로 직결될 수밖에 없다.

시공사와 조합의 도급계약에 관해서는 정말 많은 부분을 유의해야 한다. 이 부분에 관해서 따로 책을 한 권 작성해야 할 정도이다. 지역주택조합 주택사업 전반에 관해 설명하는 본서에 모두 기재하는 것은 사실상 불가능하다. 다만, 시공사와 도급계약을 체결하는 경우 반드시 전문변호사의 자문을 구할 것을 권한다. 이는 조합 및 조합원들이 부담해야 할 추후 수십~수백억의 손실을 줄이는 지름길이 될 것이다.

9.
자금보관업무와 신탁사

· · · · ·

    대개의 지역주택조합은 조합원들로부터 받는 분담금 등을 신탁사를 통해 보관한다. 주택법에서는 조합의 신탁사 자금보관의무를 명문화하여 규정하고 있다.

-주택법-

제11조의2(주택조합업무의 대행 등)

② 제1항에 따라 업무대행자에게 대행시킬 수 있는 주택
    조합의 업무는 다음 각 호와 같다. 〈개정 2020. 1. 23.〉

    1. 조합원 모집, 토지확보, 조합설립인가 신청 등 조합
       설립을 위한 업무의 대행

    2. 사업성 검토 및 사업계획서 작성업무의 대행

    3. 설계자 및 시공자 선정에 관한 업무의 지원

    4. 제15조에 따른 사업계획승인 신청 등 사업계획승인
       을 위한 업무의 대행

5. 계약금 등 자금의 보관 및 그와 관련된 업무의 대행

6. 그 밖에 총회의 운영업무 지원 등 국토교통부령으로 정하는 사항

③ 주택조합 및 주택조합의 발기인은 제2항제5호에 따른 업무 중 계약금 등 자금의 보관 업무는 제1항제5호에 따른 신탁업자에게 대행하도록 하여야 한다. 〈신설 2020. 1. 23.〉

지역주택조합에서 신탁사를 통해 자금을 보관하게 되면 조합에서 자금을 신탁사로부터 받기 위해서는 사용용도 등을 특정하여 자금인출을 요청해야 하기 때문에 상대적으로 임의로 자금을 인출하기 어렵다. 또한, 조합을 상대로 한 가압류 등에서도 상대적으로 안전한 면이 있으며 자금사용에 투명성을 제고할 수 있다는 점에서 바람직하다고 할 것이다.

다만, 신탁사를 통해 자금을 관리하면 조합의 주택사업이 실패하더라도 납입한 분담금을 반환받을 수 있다는 등의 오해를 하는 경우가 있는데 전술한 바와 같이 신탁사를 통해 자금을 운영하면 더욱 투명하게 관리할 수 있다는 장점이 있다고 하더라도 이를 통해 조합원들의 분담금

반환이 보장되는 것은 아니다.

10.
부기등기의 필요성
. . . . .

주택법에서는 일정한 경우 조합에서 사업토지 또는 주택에 관해 해당
주택 또는 대지가 입주예정자의 동의 없이는 양도하거나 제한물권을
설정하거나 압류·가압류·가처분 등의 목적물이 될 수 없는 재산임을
소유권등기에 부기등기(附記登記)해야 한다고 정하고 있다.

-주택법-

제61조(저당권설정 등의 제한)

③ 제1항에 따른 저당권설정 등의 제한을 할 때 사업주체
는 해당 주택 또는 대지가 입주예정자의 동의 없이는
양도하거나 제한물권을 설정하거나 압류·가압류·
가처분 등의 목적물이 될 수 없는 재산임을 소유권등

기에 부기등기(附記登記)하여야 한다. 다만, 사업주체가 국가·지방자치단체 및 한국토지주택공사 등 공공기관이거나 해당 대지가 사업주체의 소유가 아닌 경우 등 대통령령으로 정하는 경우에는 그러하지 아니하다.

④ 제3항에 따른 부기등기는 주택건설대지에 대하여는 입주자 모집 공고 승인 신청(주택건설대지 중 주택조합이 사업계획승인 신청일까지 소유권을 확보하지 못한 부분이 있는 경우에는 그 부분에 대한 소유권이전등기를 말한다)과 동시에 하여야 하고, 건설된 주택에 대하여는 소유권보존등기와 동시에 하여야 한다. 이 경우 부기등기의 내용 및 말소에 관한 사항은 대통령령으로 정한다.

⑤ 제4항에 따른 부기등기일 이후에 해당 대지 또는 주택을 양수하거나 제한물권을 설정받은 경우 또는 압류·가압류·가처분 등의 목적물로 한 경우에는 그 효력을 무효로 한다. 다만, 사업주체의 경영부실로 입주예정자가 그 대지를 양수받는 경우 등 대통령령으로 정하는 경우에는 그러하지 아니하다.

위와 같이 부기등기를 하게 되면 부기등기일 이후에 해당 대지 또는 주택을 양수하거나 제한물권을 설정받은 경우 또는 압류 · 가압류 · 가처분 등의 목적물로 한 경우에는 그 효력을 무효로 한다고 정하고 있다. 이는 다수인의 새 보금자리를 위해 취득하게 된 토지의 소유권을 안정적으로 확보할 수 있도록 하기 위해서 만든 제도로 위 토지 등에 관한 제한물권, 압류 · 가압류 · 가처분의 효력을 무효로 하는 초법률적인 효력을 부여한 제도이다.

조합에서는 반드시 위와 같은 초법률적인 부기제도를 반드시 인지하고 주택법에서의 조건을 충족한다면 위와 같이 부기등기를 통해 주택건설의 토지소유권을 안정적으로 확보해야 한다.

필자에게 자문을 구하는 다수의 지역주택조합에서 위와 같은 부기제도를 잘 모르거나 언제 부기등기를 해야 하며 신탁사에 신탁은 언제 해야 하는지 잘 모르는 경우가 있어 안타까운 경우가 있다. 지역주택조합의 임 · 직원, 조합원, 예비조합원, 업무대행사 직원 모두 위와 같은 전문적인 내용을 구체적으로 알고 있다는 것이 어려울 수 있으나, 위와 같은 제도 자체가 있다는 정도는 알고 있는 것이 좋다.

11.
정보공개

· · · · ·

　지역주택조합의 경우 정보공개청구에 관하여 주택법에서 정하고 있다. 필자에게도 다수의 조합에서 정보공개청구에 관하여 정말 많은 자문을 구하고 있다. 가끔 필자에게 누구의 소개로 어떻게 알고 전화를 한 것인지 알 수 없는 전화도 많이 걸려오는데, 조합 측 임원이라고 밝히면서 물어보는 것이 바로 정보공개 부분이다.

　주택법에서 정보공개에 관해 규정한 내용은 아래 〈표〉와 같다.

-주택법-

제12조(실적보고 및 관련 자료의 공개)

① 주택조합의 발기인 또는 임원은 다음 각 호의 사항이 포함된 해당 주택조합의 실적보고서를 국토교통부령으로 정하는 바에 따라 사업연도별로 분기마다 작성하여야 한다. 〈신설 2020. 1. 23.〉

---

1. 조합원(주택조합 가입 신청자를 포함한다. 이하 이 조에서 같
   다) 모집 현황
2. 해당 주택건설대지의 사용권원 및 소유권 확보 현황
3. 그 밖에 조합원이 주택조합의 사업추진현황을 파악
   하기 위하여 필요한 사항으로서 국토교통부령으로
   정하는 사항

② 주택조합의 발기인 또는 임원은 주택조합사업의 시행
   에 관한 다음 각 호의 서류 및 관련 자료가 작성되거
   나 변경된 후 15일 이내에 이를 조합원이 알 수 있도
   록 인터넷과 그 밖의 방법을 병행하여 공개하여야 한
   다. 〈개정 2020. 1. 23.〉
1. 조합규약
2. 공동사업주체의 선정 및 주택조합이 공동사업주체
   인 등록사업자와 체결한 협약서
3. 설계자 등 용역업체 선정 계약서
4. 조합총회 및 이사회, 대의원회 등의 의사록
5. 사업시행계획서
6. 해당 주택조합사업의 시행에 관한 공문서
7. 회계감사보고서
8. 분기별 사업실적보고서

9. 제11조의2제4항에 따라 업무대행자가 제출한 실적 보고서

10. 그 밖에 주택조합사업 시행에 관하여 대통령령으로 정하는 서류 및 관련 자료

③ 제2항에 따른 서류 및 다음 각 호를 포함하여 주택조합사업의 시행에 관한 서류와 관련 자료를 조합원이 열람·복사 요청을 한 경우 주택조합의 발기인 또는 임원은 15일 이내에 그 요청에 따라야 한다. 이 경우 복사에 필요한 비용은 실비의 범위에서 청구인이 부담한다. 〈개정 2020. 1. 23.〉

1. 조합원 명부

2. 주택건설대지의 사용권원 및 소유권 확보비율 등 토지확보 관련 자료

3. 그 밖에 대통령령으로 정하는 서류 및 관련 자료

④ 주택조합의 발기인 또는 임원은 원활한 사업추진과 조합원의 권리 보호를 위하여 연간 자금운용 계획 및 자금 집행 실적 등 국토교통부령으로 정하는 서류 및 자료를 국토교통부령으로 정하는 바에 따라 매년 정기적으로 시장·군수·구청장에게 제출하여야 한다. 〈

신설 2019. 12. 10., 2020. 1. 23.〉

⑤ 제2항 및 제3항에 따라 공개 및 열람·복사 등을 하는
경우에는 「개인정보 보호법」에 의하여야 하며, 그 밖
의 공개 절차 등 필요한 사항은 국토교통부령으로 정
한다. 〈개정 2019. 12. 10., 2020. 1. 23.〉
1. 조합 구성원 명부
2. 토지사용승낙서 등 토지확보 관련 자료
3. 그 밖에 대통령령으로 정하는 서류 및 관련 자료

③ 제1항 및 제2항에 따라 공개 및 열람·복사 등을 하는
경우에는 「개인정보 보호법」에 의하여야 하며, 그 밖의
공개 절차 등 필요한 사항은 국토교통부령으로 정한다.

위 〈표〉 법 제12조 제2항 제10호에서 "대통령령으로 정하는 서류 및
관련 자료"는 아래 〈표〉와 같습니다.

-주택법 시행령-

제25조(자료의 공개)

법 제12조제2항제10호에서 "대통령령으로 정하는 서류 및 관련 자료"란 다음 각 호의 서류 및 자료를 말한다. 〈개정 2020. 7. 24.〉

1. 연간 자금운용 계획서
2. 월별 자금 입출금 명세서
3. 월별 공사진행 상황에 관한 서류
4. 주택조합이 사업주체가 되어 법 제54조제1항에 따라 공급하는 주택의 분양신청에 관한 서류 및 관련 자료
5. 전체 조합원별 분담금 납부내역
6. 조합원별 추가분담금 산출내역

법 제12조 제1항 제3호에서 "국토교통부령으로 정하는 사항"은 아래 〈표〉과 같습니다.

-주택법 시행규칙-

제11조(실적보고 및 자료의 공개)

① 법 제12조제1항제3호에서 "국토교통부령으로 정하는 사항"이란 다음 각 호의 사항을 말한다. 〈신설 2020. 7. 24.〉

　　1. 주택조합사업에 필요한 관련 법령에 따른 신고, 승인 및 인·허가 등의 추진현황

　　2. 설계자, 시공자 및 업무대행자 등과의 계약체결 현황

　　3. 수익 및 비용에 관한 사항

　　4. 주택건설공사의 진행 현황

　　5. 자금의 차입에 관한 사항

② 주택조합의 발기인 또는 임원은 법 제12조제1항에 따라 주택조합의 실적보고서를 해당 분기의 말일부터 30일 이내에 작성해야 한다. 〈신설 2020. 7. 24.〉

③ 주택조합의 임원 또는 발기인은 법 제12조제2항제5호에 관한 사항을 인터넷으로 공개할 때에는 조합원의 50퍼센트 이상의 동의를 얻어 그 개략적인 내용만 공개할 수 있다. 〈개정 2020. 7. 24.〉

④ 법 제12조제3항에 따른 주택조합 구성원의 열람·복사 요청은 사용목적 등을 적은 서면 또는 전자문서로 해야 한다. 〈개정 2020. 7. 24.〉

⑤ 법 제12조제4항에서 "연간 자금운용 계획 및 자금 집행 실적 등 국토교통부령으로 정하는 서류 및 자료"란 다음 각 호의 서류 및 자료를 말한다. 〈신설 2020. 6. 11., 2020. 7. 24.〉

1. 직전 연도의 자금운용 계획 및 자금 집행 실적에 관한 자료

2. 직전 연도의 등록사업자의 선정 및 변경에 관한 서류

3. 직전 연도의 업무대행자의 선정 및 변경에 관한 서류

4. 직전 연도의 조합임원의 선임 및 해임에 관한 서류

5. 직전 연도 12월 31일을 기준으로 토지의 사용권원 및 소유권의 확보 현황에 관한 자료

⑥ 주택조합의 발기인 또는 임원은 제5항 각 호의 서류 및 자료를 법 제12조제4항에 따라 매년 2월 말까지 시장·군수·구청장에게 제출해야 한다. 〈신설 2020. 6. 11., 2020. 7. 24.〉

정보공개 의무를 위반한 경우 조합장 등 임원에 대한 처벌 규정은 아래 〈표〉와 같다. 정보공개 의무 위반으로 대부분 벌금형이 나오기 때문에 별문제가 아니라고 생각하면 정말 위험하다. 조합규약에는 임원의 결격사유로 벌금형을 정하고 있는 경우가 있기 때문에 자칫 잘못하면 조합장의 지위가 상실될 수 있다. 조합에서는 이 점을 반드시 유의하고 정보공개에 있어서는 조금 지나칠 정도로 적극적으로 정보를 열람·공개할 필요가 있다.

-주택법-

제104조(벌칙)

다음 각 호의 어느 하나에 해당하는 자는 1년 이하의 징역 또는 1천만 원 이하의 벌금에 처한다.

   1. 제8조에 따른 영업정지기간에 영업을 한 자

     1의2. 제11조의2제4항을 위반하여 실적보고서를 제출하지 아니한 업무대행자

     1의3. 제12조제1항을 위반하여 실적보고서를 작성하지 아니하거나 제12조제1항 각 호의 사항을 포함하지 않고 작성한 주택조합의 발기인

또는 임원

2. 제12조제2항을 위반하여 주택조합사업의 시행에
관련한 서류 및 자료를 공개하지 아니한 주택조합
의 발기인 또는 임원

3. 제12조제3항을 위반하여 조합원의 열람·복사 요
청을 따르지 아니한 주택조합의 발기인 또는 임원

4. 삭제 〈2020. 1. 23.〉

　4의2. 제14조제4항에 따른 시정요구 등의 명령을
　　　위반한 자

　4의3. 제14조의2제3항을 위반하여 총회의 개최를
　　　통지하지 아니한 자

　4의4. 제14조의3제1항에 따른 회계감사를 받지 아
　　　니한 자

　4의5. 제14조의3제2항을 위반하여 장부 및 증빙서
　　　류를 작성 또는 보관하지 아니하거나 거짓으
　　　로 작성한 자

5. 삭제 〈2018. 12. 18.〉

6. 과실로 제44조제1항에 따른 감리업무를 게을리하
여 위법한 주택건설공사를 시공함으로써 사업주체
또는 입주자에게 손해를 입힌 자

7. 제44조제4항을 위반하여 시정 통지를 받고도 계속

하여 주택건설공사를 시공한 시공자 및 사업주체

8. 제46조제1항에 따른 건축구조기술사의 협력, 제68조제5항에 따른 안전진단기준, 제69조제3항에 따른 검토기준 또는 제70조에 따른 구조기준을 위반하여 사업주체, 입주자 또는 사용자에게 손해를 입힌 자

9. 제48조제2항에 따른 시정명령에도 불구하고 필요한 조치를 하지 아니하고 감리를 한 자

10. 제57조의2제1항 및 제7항을 위반하여 거주의무기간 중에 실제로 거주하지 아니하고 거주한 것으로 속인 자

11. 제66조제1항 및 제2항을 위반한 자

12. 제90조를 위반하여 등록증의 대여 등을 한 자

13. 제93조제1항에 따른 검사 등을 거부 · 방해 또는 기피한 자

14. 제94조에 따른 공사 중지 등의 명령을 위반한 자

조합원이 위 관련서류에 관하여 열람 및 복사를 신청하는 경우 조합은 열람 및 복사를 하도록 해야 한다. 열람 및 복사에 특정 기일을 정하여 사무실을 방문할 것을 통지하는 것도 하나의 방법이다.

아울러, 지역주택조합과 관련한 정보공개에 관한 법제처 회신(17-0072)에서는 "주택조합의 구성원이 「주택법」 제12조제2항 전단에 따라 조합 구성원 명부의 열람·복사를 요청한 경우 주택조합의 발기인 또는 임원은 그 명부에 기재되어 있는 조합 구성원의 전화번호도 열람·복사해 주어야 합니다."고 답하였다.

　주택법에서 조합에서 실적보고 및 관련 자료의 공개 의무를 규정한 것은 투명한 조합의 운영과 조합원들의 알 권리 보장의 차원이라 할 것이다. 그러나, 공개하거나 열람·복사의 대상이 광범위하여 자칫 잘못하면 일부 조합원들의 조합업무 방해에 악용될 소지가 있다고 본다. 이에 조합의 정보를 열람·복사한 조합원이 사용목적에 반하여 이를 악용할 경우를 규제할 수 있는 규정이 필요하다고 본다.

　참고로 주택법 시행규칙 제11조 제4항에서는 "주택조합 구성원의 열람·복사 요청은 사용목적 등을 적은 서면 또는 전자문서로 해야 한다."라고 규정하고 있다. 다만 위 사용목적에 벗어나게 사용한 경우에 관한 규정은 현재 없다.

12.
안심보장증서

. . . . .

필자에게 안심보장증서에 사업이 무산되면 분담금을 모두 반환해준다는 말이 있는데 해당 안심보장증서는 법적 효력이 있는지, 믿어도 되는지 질의하는 분이 많다. 조합의 주택사업이 무산되면 보통 채무가 자산보다 많은 상태이기 때문에 분담금을 반환한다는 것은 매우 어렵다.

물론, 해당 안심보장증서의 효력이 인정된다면 조합의 분담금 반환의무는 인정될 수도 있겠으나, 법원에서 아무리 분담금 반환하라는 판결을 한다고 하더라도 조합에서 돈이 없다면 해당 판결문은 아무 소용이 없는 종이에 불과합니다. 이는 어떤 민사사건도 마찬가지라고 할 것이다. 채권자 입장에서 법원의 판결을 받아도 채무자의 재산이 없어 집행할 수 없다면 실익이 없다 하겠다.

안심보장증서에는 지역주택조합에 관해 추가분담금이 없다거나, 언제까지 조합설립인가 또는 사업계획승인이 이뤄지지 않으면 분담금을 반환해준다 등의 내용이 기재된 경우도 있다. 조합에 가입하는 자들은 해당 약정서에 조합장의 직인이 찍혀 있기 때문에 당연히 해당 사항을 믿어도 되지 않을까 하고 간단히 생각하는 경향이 있다.

그러나, 지역주택조합은 법률상 비법인사단이고 비법인사단에 관해서는 비법인사단을 보호하기 위한 민법의 규정이 있기 때문에 주의를 요한다. 결론부터 말하면 비법인사단의 경우 재산을 처분하기 위해서는 총회의 결의를 요한다. 위와 같은 내용을 지역주택조합 관계자나 법률가가 아닌 일반인이 모른다는 것은 어찌 보면 당연하다 하겠다.

갑자기 안심보장증서에 관해 이야기하다가 웬 재산처분에 총회결의를 요한다는 이야기를 왜 할까?라고 생각할 수 있다. 여기서 재산을 처분한다는 것에는 채무부담을 포함한다는 점을 유의해야 한다. 즉, 조합이 일정한 채무부담을 하기 위해서는 총회결의를 요한다는 것이고 이는 다수인의 이해관계가 있는 조합 및 조합의 재산을 보호하기 위한 제도이다.

다른 측면에서 생각해보면, 특정 조합원에게 추가분담금이 발생하지 않는다는 것은 만약 추후 추가분담금이 발생할 경우 이를 해당 조합, 조합 구성원이 대신 부담하게 되며, 분담금 반환은 조합이 해당 조합원에게 분담금 반환을 해야 하는 의무를 부담하게 된다. 즉, 채무를 분담하는 것이기 때문에 총회의 결의를 요하는 것이다.

그렇다면 법원에서는 안심보장증서의 효력에 관해서 어떻게 판단을 할까? 예외적인 판결이 가끔 있지만, 대체적으로 안심보장증서에서 관해서 총회의 결의가 없다면 효력을 인정하지 않는 경향이 있습니다. 이에 따라 소송 중이라면 안심보장증서에 관해서 총회의 결의가 있었는지, 다른 주장할 사유가 있는지 등을 확인해야 한다.

부산지방법원 2019. 10. 10. 선고 2018나58752 판결

[조합원 분담금 등 반환 청구의 소]

나. 피고의 주장에 관한 판단

피고는, 이 사건 확약이 조합원 총회의 결의 없이 체결된 것으로서 무효라고 주장하므로 이에 관하여 본다.

비법인사단으로서의 법적 성격을 가지는 피고와 같은 지역주택조합에 있어 조합원들이 납부하는 조합원 분담금은 조합재산으로서 조합원들의 총유에 속하게 되고, 총유물인 조합원 분담금의 처분은 조합규약 또는 조합원 총회의 결의에 의하는 것이므로(민법 제275조, 제276조), 이에 의하지 아니한 조합원 분담금의 관리 및 처분행위는 원칙적으로 무효라고 할 것이고, 또 앞서 든 증거에 의하면, 이 사건 규약 제23조 제1항 제3호 및 제7호는 '예산으로 정한 사항 외에 조합원에게 부담이 될 계약, 사업비의 조합원별 분담 내역'에 관하여는 조합원 총회의 의결을 거쳐 결정하도록 규정하고 있는 사실이 인정되나, 다른 한편 피고가 이 사건 창립총회에서 이 사건 규약 및 이 사건 사업추진과 관련하여 종전 추진위원회에 의하여 진행된

업무 일체를 추인하는 결의를 한 사실, 이 사건 규약 부칙 제3조가 위 규약의 효력발생 이전에 추진한 업무는 위 규약에 의하여 집행된 것으로 본다고 규정하고 있는 사실 또한 앞서 본 바와 같은바, 위 인정사실에 의하면, 피고는 이 사건 창립총회의 결의로써 종전 추진위원회에 의하여 체결된 이 사건 확약도 추인하였다고 할 것이므로, 피고의 위 주장은 이유 없다.

안심보장증서가 결코 조합원들에게 안심을 줄 수 없고 조합 입장에서도 추후 굉장한 부담이 된다는 사실을 인지하고 총회결의를 통해 안심보장증서의 효력을 인정할 예정이 아니라면 불필요한 안심보장증서를 교부하지 않는 것이 좋다. 법원에서는 위 안심보장증서를 조합의 기망행위로 보아 조합가입계약을 취소해버리는 경우도 있기 때문이다.

13.
추가분담금

· · · · · ·

가. 추가분담금은 왜 발생할까?

지역주택조합의 경우 여러 가지 원인으로 조합원들이 추가분담금을 부담하는 경우가 많다. 추가분담금이 발생하는 주요 원인으로 토지매입과정에서의 예상금액보다 매매대금을 많이 지출하는 경우, 공사기간이 예상보다 늘어나 추가공사대금이 발생하는 경우 등이다.

지역주택조합의 경우 외부 투자자들이 새 아파트를 건설할 토지를 매입하는 과정으로 진행하기 때문에, 지역주택조합이 조합설립, 조합원 모집 등을 홍보하게 되면 지주들은 더 높은 가격으로 토지 등을 매도하고자 하고 이에 위 주택사업지의 지가는 자연스레 계속해서 오르게 된다. 조합의 입장에서도 지가가 상승하기 전에 토지 등을 매입하려고 해도 주택사업의 초기에 사업자금이 부족하기 때문에 쉽지 않다. 이에 조합에서는 주택사업을 진행하면서 사업 초기보다 상승된 가격으로 토지 등을 매입하게 되는데 이는 곧 조합원들의 추가분담금으로 이어지게 된다.

나아가, 조합이 별도의 소송 등으로 채무를 부담하게 되고 이후 해산 및 청산절차에서 이를 정산해야 할 상황이 발생한다면 조합원들은 아파트가 준공되었고 조합원 개개인이 자신의 중도금 및 잔금을 지급했다고 하더라도 조합원로서의 의무가 모두 완료된 것은 아니며 또다시 추가분담금을 부담할 여지가 있다.

나. 추가분담금의 액수는 어느 정도인가?

각자의 지역주택조합마다 자금 사정이 다를 것이고, 향후 사업이 어떻게 진행되느냐에 따라 추가분담금의 액수가 정해지기 때문에 일률적으로 얼마가 나올 것이라고 말하기 어렵다. 다만, 필자가 지역주택조합을 자문하고 소송을 하며 경험했던 것들을 기초로 하여 대략적인 것만 알려드리고자 한다.

지역주택조합에서 추가분담금이 나오지 않는 경우는 잘 없는 편이다. 필자의 경험에 의하면 지역주택조합의 분양 평수를 30평대 기준으로 3,000만 원~5,000만 원 정도 나오는 곳은 적게 나오는 것이고, 5,000만 원에서~1억 원 정도가 가장 많이 나오는 추가분담금 액수인 것 같다. 많이 나오는 곳은 1억 5,000만 원 이상이 나오는 곳이 있다.

지역주택조합에 가입하고자 하는 분들은 위와 같이 추가분담금이 발생할 수 있다는 사정을 꼭 고려해서 조합에 가입해야 한다. 또한, 조합 측에서 당 조합은 추가분담금이 없다고 설명한다면 추가분담금이 발생하지 않는다는 조합의 확인서를 반드시 받아놓는 것이 좋다.

다. 추가분담금은 반드시 발생하는 걸까?

추가분담금 반드시 발생한다고 볼 수는 없다. 다만, 대부분의 지역주택조합에서 추가분담금이 발생하고 있다. 추가분담금이 없는 지역주택조합은 잘 없다고 생각하면 된다. 지역주택조합 조합원이 되었거나 되고자 한다면 조합가입계약서에 기재된 분담금 외에 추가적인 분담금이 발생할수 있다고 생각하고 이에 대한 자금 마련 계획을 세워두는 것이 좋다.

14.
동과 호수의 지정
· · · · ·

경기도의 한 지역주택조합 조합원들은 동·호수를 지정받는 조건으로 조합가입계약을 체결했다. 해당 조합은 1,121세대 규모로 아파트를 신축할 계획이었으나 사업부지 중 일부를 확보하지 못해 1,014세대를 신축하는 것으로 2016년 1월 지구단위계획이 변경되면서 106동, 107동 아파트는 신축되지 않게 되었다. 이로 인해 해당 아파트 지정호수 분양이 무산된 조합원들은 "계약을 해제하고, 조합에 지급한 계약금 및 업무추진비를 반환해 달라."며 소송을 제기하였고 1, 2심에서는 조합원들의 손을 들어주었다.

위 사건은 1, 2심에서 결론을 내지 못하였고, 지역주택조합 측의 상고로 인해 대법원의 판단을 받게 되었다. 최근 대법원 판단은 위 1, 2심과 달랐다. 대법원은 조합가입계약체결 당시 김 씨 등이 작성해 제출한 각서에 근거하여 판단하였다. 위 각서에는 "후일 아파트 단지 배치 및 입주 시 면적과 대지 지분이 다소 차이가 있어도 이의를 제기하지 않는다." "향후 사업계획 승인 시 사업계획(설계, 자금계획, 사업규모 등)이 변경, 조정 될 수 있음을 인지하고 이의를 제기하지 않는다."라고 기재되어 있었다.

이에 대법원은 "지역주택조합사업 특성상 사업추진 과정에서 최초 사업계획이 변경되는 등 사정이 발생할 수 있으므로 원고들 또한 이를 고려해 계약을 체결하면서 후일 아파트 단지 배치 등에 일부 차이가 발 생하거나 사업계획이 변경되더라도 이의를 제기하지 않겠다는 취지의 각서를 작성했다."며 "원고들이 당초 지정한 동·호수의 아파트를 공급 받지 못하게 됐다는 사정만으로 계약 위반이라거나 피고의 아파트 공 급이 불가능하게 됐다고 단정할 수 없다."고 판단하며 고등법원의 판단 을 파기환송하였다.

기존에는 지정된 동·호수 변경으로 조합원 가입계약을 해제하고 분담금을 반환하라는 청구소송이 활발히 이루어졌다. 그러나, 지역주 택조합에 가입하는 분들이 작성하는 조합원 가입계약서, 각서 등에는 동·호수 변경 가능성에 관하여 인지하며 이에 이의를 제기하지 않겠다 는 문구가 대부분 기재되어 있으며 추후 위와 같은 대법원의 입장에 따 라서 지정된 동·호수를 분양받지 못하게 되었다는 이유만으로는 조합원 가입계약을 해제하고 기지급한 분담금 반환은 어려울 것으로 생각된다.

즉, 조합원들은 조합원 가입계약 시 명시한 동과 호수를 중요시 여기기 때문에 위 동과 호수가 배정되지 않는다면 조합원 가입계약이 해제 또는 취소되는 것이 타당하다고 생각했지만, 대법원에서는 동과 호수는 지역주택조합의 사업 진행에 따라 충분히 변경될 수 있고 해당 동과 호수가 배정되지 않더라도 다른 동과 호수가 배정되면 조합원 가입계약에 따른 아파트 공급의무는 이행불능이 아니라고 판단하였다.

대법원은 조합원 개개인의 특정 동과 호수에 입주할 권리보다는 원만한 지역주택조합의 주택사업을 위해 사업변경에 따른 동과 호수의 변경 가능성에 더 중점을 둔 것으로 보인다.

위와 같은 대법원의 입장은 한동안 유지될 것으로 보인다. 지역주택조합에 가입하실 예정이거나 이미 지역주택조합에 가입한 조합원들은 위와 같은 사정을 고려하여, 조합가입계약에 기재된 동과 호수가 변경될 수 있다는 점 반드시 유의해야겠다.

15.
조합의 해산 및
청산 시 유의점

· · · · ·

지역주택조합이 주택사업 진행에 실패하여 해산되는 경우가 있다. 특히 최근 주택법의 개정으로 조합설립인가를 받은 날로부터 3년이 되는 날까지 사업계획승인을 받지 못하는 경우, 조합원 모집 신고가 수리된 날로부터 2년이 되는 날까지 주택조합설립인가를 받지 못하는 경우에는 총회를 거쳐 해산 여부를 결정해야 되기 때문에 앞으로 여러 지역주택조합이 해산 및 청산에 관해 고민하는 경우가 많이 발생할 것으로 보인다.

-주택법-

제14조의2(주택조합의 해산 등)

① 주택조합은 제11조제1항에 따른 주택조합의 설립인가를 받은 날부터 3년이 되는 날까지 사업계획승인을 받지 못하는 경우 대통령령으로 정하는 바에 따라 총회의 의결을 거쳐 해산 여부를 결정하여야 한다.

② 주택조합의 발기인은 제11조의3제1항에 따른 조합원 모집 신고가 수리된 날부터 2년이 되는 날까지 주택조합설립인가를 받지 못하는 경우 대통령령으로 정하는 바에 따라 주택조합 가입 신청자 전원으로 구성되는 총회의결을 거쳐 주택조합사업의 종결 여부를 결정하

도록 하여야 한다.

③ 제1항 또는 제2항에 따라 총회를 소집하려는 주택조합
의 임원 또는 발기인은 총회가 개최되기 7일 전까지
회의 목적, 안건, 일시 및 장소를 정하여 조합원 또는
주택조합 가입 신청자에게 통지하여야 한다.

④ 제1항에 따라 해산을 결의하거나 제2항에 따라 사업의
종결을 결의하는 경우 대통령령으로 정하는 바에 따
라 청산인을 선임하여야 한다.

⑤ 주택조합의 발기인은 제2항에 따른 총회의 결과(사업의
종결을 결의한 경우에는 청산 계획을 포함한다)를 관할 시장 ·
군수 · 구청장에게 국토교통부령으로 정하는 바에 따
라 통지하여야 한다.

　

지역주택조합이 해산하게 되는 경우 복잡한 법률관계가 형성하게 된
다. 지역주택조합이 해산하기 위해서는 관할 관청에 해산신고 등을 해
야 할 뿐만 아니라, 각종 계약에 근거한 채무를 정리하여야 한다. 그러
나, 지역주택조합이 해산을 고려할 정도면 자금 사정이 좋지 않은 경우

가 대부분일 것이다.

이에 경우에 따라서는 각종 채무를 정리하기 위해 조합원들로부터 추가분담금을 납입받아야 하는 상황이 발생하게 될 가능성이 발생한다. 지역주택조합 조합원의 입장에서는 이미 납입한 분담금도 반환받지 못하는 상황에서 추가분담금을 납입해야 하는 상황이 납득하기 어려워 납입하지 않을 가능성이 높다. 그러나 위와 같은 추가 납입에 관한 총회결의가 있었다면 납입을 피하기 어려울 수 있다(**물론 해산까지 고려되는 생황에서 총회결의를 개최하여 의결한다는 게 어려울 수도 있다**).

또한, 지역주택조합이 주택사업자금을 마련하기 위해 조합원들의 신용으로 대출을 받은 소위 브릿지론을 각 조합원이 자신의 명의로 신용대출 형식으로 대출받은 것이기 때문에 개별 조합원 책임하에 변제해야 한다. 만약 변제하지 못한다면 신용불량 상태에 이를 수가 있다.

따라서 조합원의 입장에서는 지역주택조합이 해산 또는 파산에 이르게 될 것으로 예상된다면 현재까지 납입한 분담금을 포기하고서라도 탈퇴를 고려해봐야 한다.

지역주택조합 측에서 해산을 고려하는 경우 거의 대부분이 자금 사정이 좋지 않거나 주택사업이 성공할 가능성이 낮은 경우이다. 특히 조합원들이 추가분담금을 납입하더라도 계속해서 주택사업을 이어나갈 수 없는 상태일 것이다.

위와 같은 상황이라면 지역주택조합은 여러 채권자들(예 : **용역계약을 체결한 용역사, 조합원 등**)과 여러 용역대금 청구소송, 분담금 반환 소송 등을 하고 있는 가능성이 높다.

조합 측에서는 위와 같은 상황을 정리하기 위해서 해산 및 청산절차를 고려하게 된다. 그러나 정관규약에서 해산 또는 청산을 위해서는 총회결의가 필요한데, 해산을 위해 조합원들이 총회에 참여하는 경우가 낮으며 또한 해산 및 청산을 위한 추가분담금을 납입해야 하는 상황이 많아 참여율이 저조할 수밖에 없다.

조합원 입장에서는 기납입한 분담금도 못 돌려받는 상황에서 해산 및 청산을 위해 추가분담금을 납입한다는 것을 받아들이기 어렵기 때문이다. 위와 같은 문제들로 인해서 지역주택조합에서 해산 및 청산절차를 하지 못하고 방치되는 경우도 종종 있다.

조합 측에서 해산 및 청산절차가 어렵다고 판단된다면, 파산절차도 고려해보는 것이 합리적일 것이다. 파산절차를 통해 파산관재인을 선임하여 조합의 채무를 청산하는 것이 더 이상의 법적인 분쟁을 방지하고, 채권을 공평한 변제에 이를 수 있다고 할 것이다. 조합의 파산에 관해서 최근 사례가 있어 항을 바꾸어 상세히 알아보도록 하겠다.

아울러, 조합의 채무에 연대보증을 한 조합장 또는 집행부 임원진은 개인파산도 고려해야 한다. 조합 측의 채무가 개인이 변제할 수 있는 규모를 넘는 경우가 대부분이기 때문이다.

16.
지역주택조합의 파산

. . . . .

가. 지역주택조합 파산신청 가능한가?

지역주택조합 및 지역주택조합추진위원회는 법적 성격이 비법인사단으로 법인파산신청이 모두 이론상·법률상 가능하나, 그동안 실례가 없었다. 필자가 알기에 최근 부산에서 주택사업을 진행하고 있는 지역주택조합추진위원회의 파산선고가 처음으로 알고 있다. 해당 재판부에서 파산선고 여부에 관하여 많은 고민을 했을 것이라 추측이 된다.

나. 파산은 언제 하는 걸까?

파산은 부채가 자산보다 높거나, 해당 법인을 계속해서 운영하더라도 채무변제가 불가능할 때 신청한다. 간단하게 갚을 빚이 재산보다 많다고 생각하면 된다. 즉, 지역주택조합의 현재 부채가 자산보다 많거나 주택사업을 계속 진행하더라도 더 부채만 증가하여 사업의 진행이 조합과 이해관계인에게 더 큰 손해를 안겨줄 가능성이 높은 경우에 파산을 고려하게 된다.

다. 파산절차는 어떻게 진행될까?

우선 파산하고자 하는 법인, 지역주택조합, 지역주택조합추진위원회에서 법원에 파산을 신청하게 된다. 법원에서는 파산선고 여부를 고민한 후 파산선고를 하면서 파산관재인을 선임하게 된다. 파산관재인은 해당 조합의 채권자들로부터 채권을 신고받고 조합재산을 처분하여 위 채권에 배당하게 된다. 이에 조합이 파산선고를 받아 채권 채무 정산이 시작될 만큼 채권자들은 채권신고를 정확하게 하는 것이 필요하다고 할 것이다.

라. 파산하면 어떻게 되나?

조합의 재산은 조합채권자들의 채권 변제를 위해 경매 등으로 매각되어 현금화되어 배당절차가 진행된다. 조합원들이 낸 분담금도 조합의 재산에 포함되기 때문에 조합의 채권자들의 채권 변제에 사용하게 되면, 조합원들이 해당 분담금을 돌려받을 가능성은 낮다.

조합이 파산하게 되면 조합채무를 부담하게 될까?라는 점에 관해서 의견이 나뉘어 있다. 이는 위 법원의 파산절차 진행을 확인하는 것이 필요하다고 생각된다. 다만, 필자의 견해로는 일반적으로 주식회사 등이 파산하게 되더라도 대표자, 주주 등이 회사의 채무에 연대보증을 하지 않는 이상 해당 채무에 관해 책임을 지지 않는다는 점에 비추어 볼 때, 조합원들이 조합채무를 부담할 가능성은 낮을 것으로 예상한다.

지역주택조합의 파산 소식은 해당 조합 및 조합원뿐만 아니라 다른 조합 및 조합원들에게도 모두 충격적인 일이다. 지역주택조합에서 주택사업은 반드시 성공해야 해당 조합 및 조합원들에게도 모두 이익이 되며, 만약 주택사업에 실패한다면 그 손해는 모두 조합원들이 부담할 수밖에 없다는 점 꼭 기억해야 할 것이다.

17.
조합원들의 조합채무의 부담 여부

· · · · · ·

지역주택조합이 해산하거나 기타 지급불능에 빠지게 될 경우 조합원들이 조합의 채무를 부담하게 되는지에 관해서 물어보는 경우가 있다. 필자의 견해로는 지역주택조합의 법적인 성격이 비법인사단에 해당하고 조합원들과는 별개의 법인격으로 봐야 하는 것이기 때문에 조합의 채무가 있다고 하여 곧바로 조합원들에게 채무이행을 청구할 수 없다고 생각한다.

좀처럼 보기 힘든 이례적인 사안이기는 하지만 한 지역주택조합의 경우 조합원들이 입주까지 완료했음에도 용역업체에서 용역대금을 지급받지 못했다는 이유로 조합원들의 아파트를 가압류한 사건이 있었다. 현재 위 사건은 본안이 진행 중에 있는데, 조합의 채무를 조합원들이 부담해야 하는지 여부가 쟁점이 될 것으로 보인다. 추후 위 재판의 추이를 볼 필요가 있다고 하겠다.

제5장

지역주택

조합

관련 소송

1.
매도청구소송

· · · · ·

지역주택조합에서 95퍼센트 이상의 사업토지사용권원을 확보하면 사용권원을 확보하지 못한 토지의 소유권자들을 상대로 매도청구소송을 진행하게 된다. 또한, 매도청구소송 전에 토지주와 여러 차례 금액에 관한 협의를 시도하게 된다. 그러나 토지주 입장에서는 조합 측에서 주장하는 협의금을 그대로 받아들여야 할지 많은 고민이 될 것이다.

토지주들이 가장 많이 하시는 질문이 해당 토지를 조합 측에서 제시하는 금액에 매도한다는 계약서를 작성해도 되냐는 질문이다. 실제 필자에게도 매도에 관한 계약서 및 토지사용승낙서에 관한 검토를 요청하는 경우가 많다.

시세에 관해서는 잘 알고 있는 토지주들 경우는 개발이익을 포함하여 적절한 금액이라면 매도협의서 등에 서명해도 무방하다 할 것이다. 다만 매도협의서 사용승낙서에 서명할 때는 해당 내용을 반드시 꼼꼼하게 확인해야 한다. 해당 내용에 상대적으로 주택사업의 전문가인 조합 측에서 임의로 작성되는 경우가 많고 매수인인 조합의 입장에서 유리하게 작성되는 경우가 많기 때문이다.

한편 해당 토지 등의 시세에 관해서 잘 모르는 토지주들의 경우에는 간단하게 감정평가사를 통해서 시세감정을 진행해보는 것도 좋은 방법이며, 매도청구소송을 진행하여 법원 감정을 받아보는 것도 하나의 방법이다.

매도청구소송을 진행하다 보면 종종 조합 측에서 제시한 금액의 2~3배에 이르는 가격으로 감정되는 경우도 있다. 따라서 조합 측 제시금액에 관해 고민을 해보시는 것이 필요하고 잘 모르겠다면 전문변호사와 상의해서 결정하는 것을 권한다.

또한, 조합 측에서는 원활한 주택사업 진행을 위해 매도청구소송에서 빨리 판결을 선고받고 확정시켜 감정가를 공탁하여 소유권을 취득해야 한다. 매도청구소송을 하는 시점은 지역주택조합에서 대부분의 주택사업 대상 토지의 소유권을 확보한 상태에서 곧 착공에 이르는 시점일 것이기 때문에 하루빨리 법적인 문제를 해결해야 할 필요성이 있기 때문이다.

2.
용역대금 청구소송
· · · · ·

    지역주택조합은 업무대행사, 분양대행사, 철거용역사 등 다양한 용역업체와 용역계약을 체결하게 된다. 위와 같은 용역계약의 금액이 적어도 수십억에 서 수백억 원에 이르기 때문에 계약내용을 반드시 꼼꼼하게 확인해야 하고 자문 변호사가 있다면 반드시 자문을 받을 것을 권한다.

    필자의 경험으로 지역주택조합이 용역업체와 분쟁이 발생하는 경우는 정말 많다. 특히 집행부가 변경되어 용역업체를 변경하고자 하는 경우 기존 집행부에서 용역계약서를 제대로 검토하지 않아 위 용역계약을 해제하기 어렵고 과도한 위약금 · 위약벌의 부담을 안게 되는 경우도 있다.

    따라서 조합의 집행부에서는 반드시 용역계약체결에 신중해야 함을 유의해야 하고, 용역계약체결에 따른 총회결의 등의 절차도 준수해야 된다는 점을 명심해야 한다.

3.
총회결의에 관한 소송

· · · · · ·

지역주택조합에서 주택사업을 진행하다 보면 다수인의 조합원들이 참여하고 여러 이해관계가 공존하다 보니 비상대책위원회가 설립되거나 조합 집행부에 반대하는 집단이 발생하는 경우가 많다.

위와 같은 비대위에서 많이 문제를 삼는 부분이 바로 총회결의에 관한 것이다. 특히 임원의 선출결의를 한 총회의 효력에 문제를 제기하는 경우 해당 소송에서 조합 측에서 패소하게 된다면 그 여파는 상당하기 때문에 조합 입장에서도 최선을 다해서 방어를 할 수밖에 없다.

필자는 총회결의에 관한 소송에 관하여 정말 해주고 싶은 말이 많으나, 이에 관해서는 새로운 책을 한 권 작성해야 할 정도로 양이 많으며 총회결의에 관한 소송은 매우 전문적인 영역이라 간단하게 설명하는 것은 쉽지 않다고 생각한다. 필자에게 다른 상담은 전화로 간단하게 해드리는 경우가 있어도 총회무효확인 소송이 제기되어 상담을 요구하는 경우 해당 소송은 반드시 면담을 하기를 권한다.

이는 총회무효확인 소송의 경우 해당 조합에서 어떻게 사업을 진행하였고, 해당 총회의 회의록·의사록 등을 확인하여 어떻게 총회가 진행되었는지, 조합원들이 집행부를 지지하고 있는지 등을 확인할 필요가 있기 때문이다. 다른 소송은 차치하고서라도 총회무효확인 소송의 경우는 반드시 해당 분야의 전문변호사와 직접 면담하여 상의하기를 권한다.

4.
명예훼손 등
· · · · ·

지역주택조합과 명예훼손죄가 도대체 무슨 관련이 있을까 의아해하시는 분들이 많을 것 같다. 하지만, 지역주택조합에 관한 자문, 관련 소송을 진행하다 보면 조합의 임원 또는 조합원들이 명예훼손죄나 모욕죄로 고소 · 고발하는 경우가 정말 많다.

※ 명예훼손의 경우를 설명하기 위한 것으로 정보통신망법에 의한 명예훼손죄 등 구체적인 죄명 관해서는 따로 언급하지는 않겠다.

형법상 명예훼손죄란 "공연히 사실을 적시하여 사람의 명예를 훼손"하는 것을 말한다. "공연히"해야 하기 때문에 단둘이 있을 때 사실을 적시하여 명예를 훼손하였다고 하여도 명예훼손죄가 성립되지 않는다. 카카오톡 등 메신저에서 3명 이상이 있는 상황에서 대화 상대방의 명예를 훼손시키는 말을 한다고 이는 명예훼손죄의 공연성에 해당하여 명예훼손죄에 해당할 가능성이 높다. 정확히는 카카오톡 등의 메신저 등을 이용한 경우 정보통신망법에 의한 명예훼손죄에 해당한다. 최근에는 IT 기술의 발달로 카카오톡 등 다수가 참여하는 SNS에서 타인을 비방하거나 욕설을 하여 고소 · 고발하는 사례가 많다.

또한, "사실을" 적시해도 명예훼손죄가 성립한다. 비록 진실된 사실을 말한다고 하더라도 상대방의 명예를 훼손시킨다면 이는 명예훼손죄가 성립한다. 나아가 허위사실로 명예를 훼손시킨 경우 가중처벌받게 된다. 많은 분들이 명예훼손죄로 고소를 당하고 변호사를 찾아가 내가 사실을 말했는데도 이것이 죄가 되냐고 억울해하시는 분들이 정말 많다.

필자의 개인적인 견해로는 사실을 말했는데도 처벌된다고 하는 것이 사실 잘 납득이 가지 않는다. 이에 관해서 헌법재판소에서 해당 규정이 위헌인지 여부에 관해 심판한 사실도 있으나 합헌결정으로 한 것으로 알고 있다. 이에 현행법에 사실을 적시해도 명예훼손에 해당된다고 규정하고 있기 때문에 처벌을 피하기는 쉽지 않다. 그리고 명예훼손의 경우 구약식으로 대부분 벌금형이 나오는 경우가 많다.

최근 사실을 적시한 경우에도 명예훼손의 죄가 된다는 점이 부당하다고 보아 이를 개정하자는 입법론적인 움직임이 있지만, 아직까지는 개정되지 않았다는 점을 반드시 알아두어야 한다.

이러한 명예훼손죄는 인터넷 게시판이나 단체 카카오톡 메신저 등에서 많이 발생하지만, 죄에 해당하는 사실을 잘 인지하지 못하는 경우가 많다. 그러나 해당 지역주택조합에서 비상대책위원회가 있어 서로 이해관계가 극도로 대립하는 경우 특정인을 상대로 여러 사람이 볼 수 있는 곳에 글을 올리게 되어 명예훼손죄에 해당하게 되는 경우가 많다.

가령, 비상대책위원회 위원장이 사람들이 많이 모여있는 인터넷 카페 등에 "모 지역주택조합장이 조합원 돈을 임의로 사용하는 것으로 보인다."는 추측성 글을 올렸다고 가정해보자.

명예훼손죄는 사람의 명예를 훼손하는 사실을 적시하는 경우 성립하는 범죄이기 때문에 윗글에서 해당 조합장이 실제로 조합원의 돈을 임의로 사용했다고 하더라도 명예훼손죄에 해당한다. 물론 해당 조합장이 실제로 조합원의 돈을 임의로 사용하지 않았다고 하더라도 허위의 사실을 게재한 것으로 더욱 가중처벌하게 된다.

명예훼손죄는 일반인이 생각하는 것보다 쉽게 성립하고 벌금형도 많이 나온다는 사실을 꼭 인지하고 불필요한 말이나, 추측성 글을 작성하는 것은 자제하도록 해야 한다.

5.
직무집행정지가처분

. . . . .

가. 직무집행정지가처분 사유

지역주택조합에서 조합장을 포함한 임원진, 그리고 감사 등이 집행부에 해당하며 이들의 업무역량이 주택사업에 성공에 있어 매우 중요하다. 그만큼 위 집행부의 업무 권한도 넓은 편이다.

지역주택조합, 재개발 및 재건축 조합에서 조합장을 비롯한 임원진에 대한 직무집행정지가처분 사건에서 핵심적인 이슈는 아래에서 기술하는 "임원의 결격사유 및 자격상실 등에 관한 사유"에 해당하는지, "임원의 직무집행을 정지할 만한 사유"가 있는지 여부이다.

주택법에서는 조합임원의 결격사유에 관해서 아래 〈표〉와 같이 정하고 있다.

-주택법-

제13조(조합임원의 결격사유 등)

① 다음 각 호의 어느 하나에 해당하는 사람은 주택조합의 발기인 또는 임원이 될 수 없다. 〈개정 2020. 1. 23., 2020. 6. 9.〉

1. 미성년자 · 피성년후견인 또는 피한정후견인

2. 파산선고를 받은 사람으로서 복권되지 아니한 사람

3. 금고 이상의 실형을 선고받고 그 집행이 종료(종료된 것으로 보는 경우를 포함한다)되거나 집행이 면제된 날부터 2년이 지나지 아니한 사람

4. 금고 이상의 형의 집행유예를 선고받고 그 유예기간 중에 있는 사람

5. 금고 이상의 형의 선고유예를 받고 그 선고유예기간 중에 있는 사람

6. 법원의 판결 또는 다른 법률에 따라 자격이 상실 또는 정지된 사람

7. 해당 주택조합의 공동사업주체인 등록사업자 또는 업무대행사의 임직원

② 주택조합의 발기인이나 임원이 다음 각 호의 어느 하나에 해당하는 경우 해당 발기인은 그 지위를 상실하고 해낭 임원은 당연히 퇴직한다. 〈개정 2020. 1. 23.〉

   1. 주택조합의 발기인이 제11조의3제6항에 따른 자격기준을 갖추지 아니하게 되거나 주택조합의 임원이 제11조제7항에 따른 조합원 자격을 갖추지 아니하게 되는 경우

   2. 주택조합의 발기인 또는 임원이 제1항 각 호의 결격사유에 해당하게 되는 경우

③ 제2항에 따라 지위가 상실된 발기인 또는 퇴직된 임원이 지위 상실이나 퇴직 전에 관여한 행위는 그 효력을 상실하지 아니한다. 〈개정 2020. 1. 23.〉

④ **주택조합의 임원은 다른 주택조합의 임원, 직원 또는 발기인을 겸할 수 없다.** 〈신설 2020. 1. 23.〉

위 주택법상 조합의 임원은 업무대행사의 임직원이 될 수 없다는 점 주택조합의 임원은 다른 주택조합의 임원, 직원이 될 수 없다는 점 등을 정하고 있는 점을 반드시 유의해야 한다.

지역주택조합 표준규약에서는 아래 〈표〉와 같이 "임원의 결격사유 및 자격상실" 등에 관한 사유를 정하고 있습니다.

-표준규약-

제18조(임원의 결격사유 및 자격상실 등)

① 다음 각 호의 어느 하나에 해당하는 사람은 조합의 임원이 될 수 없다.

1. 미성년자 · 피성년후견인 · 피한정후견인

2. 파산선고를 받은 사람으로서 복권되지 아니한 사람

3. 금고 이상의 실형을 선고받고 그 집행이 종료(종료된 것으로 보는 경우를 포함한다)되거나 집행이 면제된 날부터 2년이 경과되지 아니한 사람

4. 금고 이상의 형의 집행유예를 선고받고 그 유예기간 중에 있는 사람

5. 금고 이상의 형의 선고유예를 받고 그 선고유예기간 중에 있는 사람

6. 법원의 판결 또는 다른 법률에 따라 자격이 상실 또는 정지된 사람

---

7. 본 주택조합의 공동사업주체인 등록사업자 또는 업무대행사의 임직원

② 제1항 각 호의 사유가 발생하면 해당 임원은 당연히 퇴직된다.

③ 제2항에 따라 퇴직된 임원이 퇴직 전에 관여한 행위는 그 효력을 상실하지 아니한다.

④ 임원 및 대의원으로 선임된 후 그 직무와 관련한 형사사건으로 기소될 경우에는 확정판결이 있을 때까지 이사회 또는 대의원회 의결에 따라 직무수행자격을 정지시킬 수 있으며, 그 사건으로 벌금 이상의 형의 선고를 받은 임원 및 대의원은 그날부터 자격을 상실한다. 자격을 상실한 경우 즉시 새로운 임원 및 대의원을 선출하여 관할 관청의 변경인가를 받아야 한다.

위 내용 중에서 가장 쟁점이 되는 사안은 "직무와 관련된 형사사건으로 벌금 이상의 형의 선고를 받은 임원 및 대의원은 그 날부터 자격을 상실한다."는 부분이다.

대개의 지역주택조합에서는 위 표준규약과 같이 기재되어 있어 벌금형이 1심 선고만 되더라도 임원의 자격이 상실하게 되며, 이에 따라 직무집행이 정지하게 된다(특정 지역주택조합에서는 형사사건으로 기소만 되더라도 직무집행이 정지된다고 규정하고 있는 경우도 있으나, 조합장의 폭넓은 업무범위를 고려해보면 해당 규정은 개정하는 것이 맞지 않나 싶다). 직무집행정지가처분 사건에서도 위와 같은 사유가 소명되며 가처분 신청이 인용될 가능성이 높다. 물론 위 사유 외에도 표준규약의 제18조 제1항의 각 호의 사유가 있다면 직무집행정지가처분 신청은 인용될 가능성이 매우 높다.

나. 기타 중대한 사유

위 제18조 1항의 사유가 없는 경우에는 직무집행정지가처분이 인용되지 않는 걸까?

직무집행정지가처분 사건에 있어서 위 규약상의 사유가 대표적인 직무집행정지가처분 사유에 해당하고, 기타 임원진의 직무집행정지를 해야 할 만큼의 사유가 존재한다면 가처분은 인용될 가능성이 있다. 다만, 법원에서는 임원진의 직무집행정지를 받아들이게 되면 조합 측에서 주택사업 진행에 영향을 미치는 만큼 엄격하게 해석하는 경향이 있다.

조합장 및 임원진에 대한 직무집행정지가처분 사건은 조합원들의 대표인 조합장, 임원진의 직무를 정지시키는 중요한 사건이며 다수의 사건이 관련된 일이며 그 결정이 어떻게 나든 조합과 조합원에 큰 영향을 미치게 된다.

    필자의 개인적인 견해로는 조합의 집행부가 위법한 행위를 하여 주택
사업을 진행하게 어렵게 만드는 것이 아닌 한 조합원들에 의해 선출된
집행부를 지지해주는 것이 조합원들의 이익에도 부합된다고 본다.

제6장

지역주택

조합의

성공요건

1.
적극적인
집행부의 구성

· · · · ·

일반인들 중 대다수가 지역주택조합의 주택사업에 관해 잘 모른다고 해도 과언이 아니다. 이에 지역주택조합의 주택사업이 조합원들이 자발적으로 모여서 시작되는 것이 아니라, 업무대행사 등에 의해서 주도적으로 시작되어 진행되는 경우가 종종 있다. 그러나, 명심해야 할 것이 지역주택조합의 사업주체는 조합원이며 이에 따른 책임도 모두 조합 및 조합원들에게 있다.

어떤 일을 하든 책임을 부담하는 자가 권한을 행사하는 것이 맞고 돈을 번 사람이 사용하게 하는 것이 맞다. 책임을 부담하기 때문에 신중하고 자신의 이익을 위해서 행동하게 되고 돈을 벌어 돈 사람이 돈을 벌 때의 어려움을 알기 때문에 함부로 사용하지 않게 되는 것이기 때문이다.

지역주택사업의 시작이 업무대행사 등으로부터 되었다고 하더라도 종국에는 조합원들의 이익을 대변할 수 있는 자들이 조합장, 이사, 감사를 맡아야 한다. 필자가 경험한 성공한 지역주택조합에서는 조합원들이 주체가 되어 집행부를 구성하고 주택사업을 추진한 경우가 대다수였다. 필자가 자문한 어느 조합의 이사는 주택사업과 관련한 일을 한 자도 아니었는데, 필자와 항상 상의하고 별도로 공부도 하여 해당 지주택의 주택사업이 마무리될 즈음엔 주택사업의 전문가 수준이었다.

위와 같이 주택사업에 적극적이고 열정적인 조합원이 임원이 된다면 주택사업이 성공하는 예는 더욱 많아질 것이라고 생각한다. 결국 지주택 조합의 성공은 누가 집행부를 어떻게 구성하고, 해당 집행부가 얼마나 주택사업에 열의를 가지고 추진하느냐에 따라 상당 부분이 결정된다고 본다. 이에 조합 집행부 구성의 중요성을 아무리 강조하더라도 지나치지 않다고 생각한다.

2.
조합원들의
관심과 지원

· · · · · ·

조합임원들이 제아무리 열정적으로 주택사업을 추진한다고 하더라도 조합원들이 도움이 없다면 주택사업의 진행은 쉽지 않다. 간단한 예로 주택법과 조합규약에서는 총회결의 사항을 규정하고 있다. 특정 총회결의 사항은 이사회 결의로 위임할 수 없다고도 정하고 있어 무조건 총회를 진행해야 하는 사안이 있다. 그런데 만약 조합원들이 무관심하여 총회에 출석하지 않는다면 조합 집행부에서는 주택사업을 추진하기가 매우 어려워진다.

조합원들의 관심과 지원이 필요한 부분은 비단 총회결의에 한정되는 것이 아니라 다양하다. 항을 바꾸어 상세히 설명하겠지만 조합 집행부는 일부 악의적으로 주택사업을 방해하는 자들의 공격대상이 되는 경우도 있다. 조합의 정보공개 의무가 있다는 점을 근거로 사업 진행에 악영향을 줄 만큼 정보공개를 청구하는 경우도 있고, 관할청에 다수의 진정을 제기하는 경우도 있다.

위와 같은 일들이 발생한다면 조합원들이 적극적으로 조합의 집행부를 도와주고 보호해줄 필요가 있다. 집행부가 적극적으로 주택사업을 추진해서 성공적으로 마무리되어야 조합원들에게도 이익이 된다는 사실을 잊지 말아야 할 것이다.

3.
악의적으로 사업을 방해하는 세력의 배제

· · · · ·

어느 조직이든 반대하는 세력이 있을 수밖에 없다. 특히 지역주택조합의 주택사업과 같이 수백억~수천억 원의 경제적 가치를 창출하는 사업에 대립이 없을 수는 없다. 어쩌면 조합의 업무집행의 견제세력이 존재하는 것이 주택사업의 건전성을 위해 필요한 측면도 있다. 다만, 조합사업의 이권을 차지하기 위해 지나치게 주택사업 방해를 목적으로 행동하는 단체는 최대한 배제할 필요가 있다.

조합 집행부를 고소하기 위해 무리한 정보공개를 청구하는 경우, 별다른 하자가 없는 주택사업에 관해 관할청에 다수의 악의적인 진정을 하여 조합의 행정력을 낭비하게 하는 경우, 조합 집행부를 대상으로 민 · 형사상 소송을 남발하는 경우 모두 지양되어야 할 것이다.

필자에게 조합에서 위와 같이 악의적인 사업을 방해하는 조합원 배제하기 위해 상담을 구하는 경우가 있으나, 이는 조합의 사정에 따라 적절히 대응해야 하기 때문에 일률적으로 답변하기는 어려워 본서에 기재하지는 않겠다. 다만, 위와 같은 조합에서 위와 같은 방해를 배제하지 않으면 주택사업의 성공적인 진행이 어렵다는 것인 자명한 일이다.

제7장

조합원들에게 드리는 글

1.
업무대행계약,
조합규약, 도급계약

· · · · ·

지역주택조합원이라면 누구나 조합규약 등에 관해 관심을 가지고 있어야 한다. 조합원에게 일방적으로 불리한 규정, 지역주택조합이 아닌 업무대행사 등에 유리한 규정, 업무대행계약, 도급계약 등은 개정할 필요가 있다.

일부 업무대행사 등이 조합원들이 지역주택조합에 열심히 참여하지 않는다는 점을 이용하여 업무대행으로 인한 이익을 취득하면서 손해는 지역주택조합의 부담하는 경우가 있다. 이를 방지하기 위해 지역주택조합 조합원은 업무대행사가 어디인지, 업무대행계약내용은 어떤 것인지, 지역주택조합 조합규약은 어떤 내용인지 등을 꼭 확인해봐야 할 것이다.

2.
임원의 감독

· · · · ·

많은 지역주택조합 조합원들은 임원을 선출하고 난 후 임원들이 알아서 하겠지 하고 방관하는 경우가 많다. 그러나, 임원들에 대한 통제 및 감독이 이뤄지지 않는다면, 지역주택조합 주택사업의 성패가 달라질 수도 있다.

조합임원들이 제대로 일을 하는지, 자금이 투명하게 지출되는지, 횡령이나 배임이 있는 것은 아닌지 관심을 가지고 항상 감독해야 하며 문제가 되는 부분이 있다면 임시총회 등의 개최를 적극 요구하여 교체해야 한다.

다만, 조합원들은 조합임원의 사소한 실수나 법률을 위반한 사안이 아닌 것에는 되도록 지지하여 적극적으로 지지하여 주택사업에 집중할 수 있도록 할 필요가 있다. 조합임원 중에서 주택사업에 경험이 있거나 전문지식이 있는 경우가 많지 않아 시행착오를 겪을 가능성이 충분히 있고, 한번 선임된 임원진을 변경하는 것에 또 다른 혼란을 가져오기 때문이다.

3.
일반분양의 통제

가끔 지역주택조합의 조합규약에 일반분양을 일부 임원단이나, 업무대행사에 일임하는 경우가 있다. 그러나 위 같은 규정은 지역주택조합에 큰 손실을 남길 수 있는 것으로 개정할 필요가 있다. 물론 위와 같이 일부 임원이나 업무대행사에 일반분양을 위임하면 일처리가 빠르다는 장점이 있으나, 경우에 따라서는 민·형사상의 문제가 발생하는 경우가 있다. 따라서 조합규약에 위와 같은 내용이 기재되어 있다면 수정 또는 삭제하는 것을 고민해볼 필요가 있다.

조합에서 일반분양을 대행업체에 맡기게 되는 경우에도 해당 대행업체가 조합의 분양업무를 수행한 사실이 있는지, 분양업무를 수행하면서 별다른 문제가 없었는지 등을 반드시 확인하고 분양대행계약을 체결할 경우에도 대대행계약을 체결할 권한을 수여하는 것으로 기재되어 있는지 계약서를 면밀히 검토할 필요가 있다.

4.
SNS를 통한 정보공유

· · · · ·

　대부분의 지역주택조합이 공식 홈페이지를 가지고 있으며, 해당 홈페이지에 조합원들이 글을 남기고 의견을 공유할 수 있는 게시판이 있어 조합원들이 정보를 공유할 수도 있다. 그러나, 지역주택조합원들은 따로 카페나 밴드, 메신저 등 SNS를 이용하여 서로 정보를 공유할 필요도 있다. 해당 홈페이지에서 글은 조합 측에서 관리되기 때문이다.

　최근 조합원들 일부가 비상대책위원회를 구성하거나 다른 명칭으로 모임을 만들어 자문을 구하는 경우가 있다. 조합의 업무를 감독한다는 취지와 집행부의 권한 남용을 견제한다는 측면이 있어 필요한 단체라 할 것이다. 위 단체들을 중심으로 각종 SNS를 이용하고 있다. 앞서 언급했듯이 SNS에서 정보를 공유하고 의견을 교환할 때는 해당 내용이 명예훼손에 해당하지 않는지, 조합의 업무를 방해하는 것은 아닌지 유의해야 한다.

제8장

피해야 할
지역주택조합
유형

1.
서언

지역주택조합의 예비조합들이 필자에게 가장 많이 하는 질문은 "위험한 지역주택조합을 어떻게 알아볼 수 있는지?"라는 것이다. 이에 지역주택조합 주택사업추진에 문제 있는지를 간단하게 확인할 수 있는 3가지 방법을 알아보겠다.

2.
형사사건의
진행

· · · · · ·

   지역주택조합 집행부에서 어떻게 주택사업을 추진하는지는 해당 집행부가 아니라면 다 알기가 어렵다. 지역주택조합과 같은 수백 세대에서 수천 세대의 아파트를 짓는 주택사업에서 다수의 민사소송이 진행되는 것은 당연한 일이다. 조합 입장에서는 토지를 확보하기 위해 매도청구소송, 토지수용재결 신청에 따른 이의재결 등 당연히 해야 하는 소송들이 많기 때문에 민사소송이 다수 진행되고 있다고 해서 해당 지역주택조합의 주택사업 진행에 문제가 있다고 보기는 어렵다.

   그러나, 지역주택조합의 임원진이 사기, 횡령, 배임 등으로 형사재판을 받고 있다면 해당 지역주택조합은 제대로 운영되지 않을 가능성이 높다. 위와 같은 지역주택조합의 경우 임원진을 교체하지 않으면 주택사업이 제대로 진행되지 않을 가능성이 있다. 지역주택조합의 임원진과 관련해서 형사사건이 진행되는지는 해당 조합 측에 정보공개청구를 할 수도 있고, 간단하게 해당 뉴스를 검색하는 것만으로도 충분히 알 수 있기 때문에 반드시 확인해보는 것이 좋다.

3.
주택사업의
지나친 지연

. . . . . .

　지역주택조합은 각 사업단계마다 걸리는 시간이 조금씩 다르다. 물론 지역마다, 조합의 사정에 따라 일률적으로 말하기 어렵지만, 추진위 단계에서 조합설립인가까지는 약 1~3년, 조합설립인가부터 사업계획승인까지 1~2년, 사업계획승인에서 일반분양 및 착공까지 약 1~2년의 시간이 걸리게 된다. 그런데 예를 들어 추진위원회 단계에서 3년 이상의 시간이 경과했는데도 조합설립인가를 받지 못했다면 해당 지역주택조합의 경우 주택사업 진행에 어려움을 겪고 있을 가능성이 높다.

　위에서 언급한 사업단계별 소요되는 시간보다 많이 걸린다면, 해당 조합에 정보공개를 청구해서 어떤 문제 때문에 주택사업이 지연되는지 확인해보는 것이 좋다. 아마 정보공개를 청구하지 않더라도 해당 조합의 조합원 커뮤니티에 가입하시면 어떤 문제 때문에 주택사업이 지연되는지 확인하실 수 있을 것이다. 해당 조합의 조합원 모임 커뮤니티 가입을 권해드리는 이유도 그와 같은 이유이다.

4.
제명되는 조합원이 많은 경우

• • • • •

지역주택조합에서 조합원을 제명하는 사유는 다양하지만 대개의 경우는 해당 조합원이 조합가입계약서상의 분담금을 제대로 지급하지 않은 경우이다. 물론 조합원이 조합가입계약을 체결하고 경제상황이 좋지 않아져서 분담금을 지급하지 못한 경우도 있지만, 해당 조합의 주택사업 진행을 볼 때 더 많은 분담금을 지급했다가 이후 탈퇴하더라도 돌려받지 못할 정도라고 생각해서 분담금을 지급하지 않는 경우가 많다. 위와 같은 경우에 조합에서는 해당 조합원을 제명하게 되는데, 이와 같이 제명되는 조합원이 소수의 인원이 아니라 수십 명이 된다면 반드시 해당 조합원의 제명 사유를 확인할 필요가 있다.

지역주택조합의 조합원 제명은 총회를 통해 이뤄지는 것이 원칙이기 때문에 해당 총회자료를 확인하면 알 수 있다. 특히 총회의 경우 안건을 미리 공고하거나 책자를 통해 조합원들에게 보내기 때문에 위 책자를 확인하는 것도 1가지 방법이다.

지역주택조합은 조합원들에게 저렴한 비용으로 새 보금자리를 마련하기 위한 제도이고 주택사업이다. 지역주택조합은 조합원들의 관심과 애정으로 사업성공에 이를 수 있고 주택사업의 성공은 모든 조합원들이 원하는 결과일 것이다.

제9장

지역주택조합

가입 시 알아야

할 사항

1.
입주예정일

입주예정일은 지역주택조합, 재개발, 재건축 등 아파트 건설사업에서 예측하기 어려운 것 중 하나이다. 특정 날을 입주예정일로 광고하거나 소개하더라도 충분히 늦춰질 수 있다는 사실을 알아야 한다. 기본적으로 1~2년가량은 사업이 지연되는 경우가 많고, 심한 경우에는 5~10년가량이 지연되기도 한다.

2.
신탁사 및 사업의 안정성

· · · · · ·

지역주택조합에서 신탁사에서 자금을 관리하기 때문에 사업이 안정적으로 운영될 것이라는 말을 한다. 신탁사에서 자금을 운영하기 때문에 상대적으로 그렇지 않은 경우보다 안정적인 자금 집행이 되는 것은 사실이다. 다만, 신탁사에서는 조합의 자금인출의 요청이 있다면 언제든지 인출해줄 의무가 있고, 조합에 대한 채권자들은 신탁사에 대한 조합의 금전출급청구권을 압류하기도 하기 때문에 반드시 신탁사에서 자금 등을 관리한다고 사업이 100퍼센트 성공한다고 볼 수 없다.

지역주택조합에 가입하는 자들은 신탁사에서 조합의 자금을 관리하고 이로 인해 조합원이 지급한 분담금이 모두 100퍼센트 안전하다는 착각은 하지 말아야 한다.

3.
동·호수의 지정

· · · · · ·

지역주택조합에 가입하면서 동과 호수를 지정받으신 조합원들이 많다. 동과 호수는 사업계획승인 이후에나 아파트 몇 동을 어디에 어떻게 지을 것인지 정해지기 때문에 조합설립인가도 받지 않은 조합에서 동과 호수를 지정하는 것은 이후 변동될 여지가 크다.

따라서, 조합가입 시에 동과 호수를 지정받았다고 해서 단순히 지정받은 호수대로 분양받는다고 생각하지 말고 추후 변동될 여지가 크다는 것을 알고 있어야 한다. 경우에 따라서는 해당 동과 호수가 없어져 조합규약 등에서 정하고 있는 추첨 등의 방법으로 다른 동과 호수가 배정되는 경우도 있다. 위와 같이 동과 호수가 변경되는 경우 이를 이유로 조합가입계약을 해제하거나 탈퇴하는 것은 쉽지 않다.

대법원은 최근 아래 〈표〉와 같은 내용의 판단을 하며 동과 호수의 변경으로 인한 조합가입계약해제를 쉽게 인정하고 있지 않다.

대법원 2019. 12. 12. 선고 2019다259234 판결

[계약금반환 등 청구의소]

1. **주택법상 지역주택조합사업**은 통상 지역주택조합설립 전에 미리 조합원을 모집하면서 그 분담금 등으로 사업 부지를 매수하거나 사용승낙을 얻고, 그 이후 조합설립

인가를 받아 추가적으로 소유권을 확보하고 사업승인을 얻어 아파트 등 주택을 건축하는 방식으로 진행되므로, **그 진행과정에서 조합원의 모집, 재정의 확보, 토지매입 작업 등 사업의 성패를 좌우하는 여러 변수들에 따라 최초 사업계획이 변경되는 등의 사정이 발생할 수 있다**(대법원 2014. 6. 12. 선고 2013다75892 판결 참조).

따라서 지역주택조합의 조합원이 된 사람이, 사업추진 과정에서 조합규약이나 사업계획 등에 따라 당초 체결한 조합가입계약의 내용과 다르게 조합원으로서의 권리 · 의무가 변경될 수 있음을 전제로 조합가입계약을 체결한 경우에는 그러한 권리 · 의무의 변경이 당사자가 예측가능한 범위를 초과하였다는 등의 특별한 사정이 없는 한 이를 조합가입계약의 불이행으로 보아 조합가입계약을 해제할 수는 없다(대법원 2019. 11. 14. 선고 2018다212467 판결 참조).

2.

가. 원심이 인용한 제1심판결의 이유와 원심이 적법하게 채택한 증거들에 의하면, 다음과 같은 사정들을 알 수 있다.

1) 피고는 화성시 Z 일원에서 공동주택 신축을 목적으

로 2015. 2.경 설립된 지역주택조합이다. 원고 U를
제외한 나머지 원고들과 AA는 피고의 조합원이 되
어 화성 AB 아파트(이하 '이 사건 아파트'라고 한다) 중
AC동, AD동에 속한 이 사건 지정호수를 공급받기
로 하는 내용의 조합가입계약을 체결하였다(이하 '이
사건 조합가입계약'이라고 한다).

2) 원고 U를 제외한 나머지 원고들과 AA는 이 사건
조합가입계약에 따라 계약금과 업무추진비를 지급
하였다. 그 후 AA가 2017. 11. 2. 사망하여 남편인
원고 S와 아들인 원고 U가 AA의 이 사건 조합가입
계약에 따른 지위를 승계하게 되었다.

3) 이 사건 아파트는 당초 1,121세대 규모로 신축될 계
획이었으나 사업부지 중 일부가 확보되지 못함에
따라, 2016. 1.경 1,014세대만이 신축되는 것으로
사업계획이 변경되었고, 그 결과 AC동, AD동의 신
축은 무산되었다.

4) 피고는 원고들에게 다른 동·호수의 아파트로 변경
할 수 있다고 안내하였지만, 원고들은 이 사건 소장

부본의 송달로써 이 사건 조합가입계약의 해제를 통지하였다.

5) 원고 U를 제외한 나머지 원고들과 AA가 이 사건 조합가입계약체결 당시 작성하여 제출한 각서(이하 '이 사건 각서'라고 한다)에는 "본인은 (가칭) 화성시 Y 지역주택조합에 가입함에 있어 후일 아파트 단지 배치 및 입주 시 면적과 대지 지분이 다소 차이가 있어도 이에 이의를 제기하지 아니한다."(제6조), "본인은 (가칭) 화성시 Y 지역주택조합 및 조합업무대행 용역사가 결정 추진한 조합업무에 대하여 추인하며, 향후 사업계획 승인 시 사업계획(설계, 자금계획, 사업규모 등)이 변경, 조정될 수 있음을 인지하고 이에 이의를 제기하지 아니하기로 한다."(제10조)라고 기재되어 있다.

나. 위와 같은 사실관계에 기초하여 앞서 본 법리에 따라 판단한다.

1) 변경된 사업계획에 의하더라도 신축되는 이 사건 아파트의 규모가 1,014세대에 이르러 원고들은 피고로부터 당초 공급받기로 한 이 사건 지정호수 대

신 그와 비슷한 위치와 면적의 다른 아파트를 공급
받을 가능성이 있으므로, 특별한 사정이 없는 한 이
와 같은 정도의 변경은 이 사건 각서에서 예정한 범
위 내의 아파트 단지 배치 및 사업계획의 변경에 해
당한다고 볼 수 있다.

2) 지역주택조합사업의 특성상 사업추진 과정에서 최
   초 사업계획이 변경되는 등의 사정이 발생할 수 있
   으므로 원고들 또한 이러한 점을 고려하여 이 사건
   조합가입계약을 체결하면서 후일 아파트 단지 배치
   등에 일부 차이가 발생하거나 사업계획이 변경되더
   라도 이의를 제기하지 않겠다는 취지의 이 사건 각
   서를 작성하여 교부한 것으로 보인다.

3) 따라서 원고들이 당초 지정한 동·호수의 아파트를
   공급받지 못하게 되었다는 사정만으로 이 사건 조합
   가입계약의 위반이라거나 원고들에 대한 피고의 아
   파트 공급이 불가능하게 되었다고 단정할 수 없다.

다. 그럼에도 원심은, 이 사건 조합가입계약에 따른 피고
    의 원고들에 대한 채무가 피고의 귀책사유로 인하여

이행불능이 되었고 이 사건 조합가입계약이 적법하게 해제되었다고 판단하였다. 이러한 원심판단에는 지역주택조합 가입계약의 해제에 관한 법리 등을 오해하여 판결에 영향을 미친 잘못이 있다. 이 점을 지적하는 상고이유 주장은 이유 있다.

3. 그러므로 나머지 상고이유에 대한 판단을 생략한 채, 원심판결을 파기하고, 사건을 다시 심리·판단하게 하기 위하여 원심법원에 환송하기로 하여, 관여 대법관의 일치된 의견으로 주문과 같이 판결한다.

4.
토지사용권 및 소유권 확보율
· · · · ·

지역주택조합사업에서 토지사용권 확보율은 매우 중요한 문제이기에 이에 대해서 기망한다면 민·형사상 문제가 될 수 있다. 그러나, 간혹 지역주택조합 광고 등에서 토지를 100퍼센트 매입했다, 100퍼센트 사용권원을 확보했다고 광고하다 조합원들이 소송을 제기하여 조합원 가입계약을 취소하는 경우가 발생하고 있다, 따라서, 조합에서 토지를 100퍼센트 매입했다고 한다면 관련 자료를 확인할 필요가 있다.

5.
안심보장증서상 금전반환

· · · · · ·

조합 측에서 주택사업이 실패한다면 조합원이 지급한 분담금 모두를 반환한다고 기재하는 경우가 있다. 그러나, 지역주택조합에서 사업이 실패된다면 조합원들의 분담금을 대부분 소진한 경우가 많아 이를 조합원에게 반환하는 것은 매우 어렵다고 할 것이다. 말 그대로 해당 증서를 보는 순간 심리적인 안심만 시켜주는 안심보장증서이지 실제 실현 가능성은 낮다고 판단하는 것이 타당하다.

또한, 안심보장증서는 조합에서 채무를 부담하는 것으로 민법상 비법인사단의 재산을 관리·처분하는 행위에는 총회의 결의가 필요하다고 할 것이므로 위 안심보장증서에는 원칙적으로 총회의 결의가 필요하다고 할 것이다. 따라서 조합에서 안심보장증서를 발급해주었고 위 증서에 조합장의 직인이 날인되어 있다고 하여 그대로 효력이 있을 것이라고 기대하기는 어렵다.

제10장

글을 마치며

　필자는 너무 감사하게도 부동산 전문변호사로서 지역주택조합에 관한 다수의 자문과 소송을 경험할 수 있었고 현재에도 많은 자문 및 사건을 처리하고 있다. 지역주택조합에 관한 규정이 계속 변화하고 있고 법원의 판결도 계속하여 변동하고 있어 제아무리 지역주택조합 전문변호사라고 하더라도 계속해서 변동된 내용을 확인하고 연구해야 한다.

　필자가 본서의 마지막으로 꼭 해주고 싶은 말이 있다. 시작했던 일을 중간에 멈추면 그 의미가 퇴색해버리는 세상 이치와 마찬가지로 지역주택조합의 주택사업은 반드시 성공해야 그 의미가 있다. 이를 위해서는 지역주택조합 제도에 관해 정확하게 이해하고 조합 집행부가 주택사업을 이끌 수 있도록 도와줄 수 있는 전문변호사는 필수적이라 하겠다.

　필자는 앞으로도 지역주택조합의 제도에 관해 연구하며 작은 목소리를 내도록 하겠다. 또한, 지역주택조합의 자문 및 소송을 진행하면서 조합원들에게 새 보금자리를 마련하는 데 작은 도움이라도 될 수 있었으면 한다.

　본서를 만들면서 더 보충하고 싶은 부분이 많았지만, 원고를 마감해야 하는 기한이 있고 인제까지나 그 시일을 늦출 수 없어 부족한 상태로 책을 발간하게 되었다. 필자가 아무리 바쁘더라도 추후 더 보완되고 변경된 내용을 담은 개정판을 출간할 것을 약속하며 글을 마친다.

제11장

1. 지역 · 직장주택조합 표준규약서

2. 지역 · 직장주택조합 임원 선거관리 가이드라인

3. 지역 · 직장주택조합 표준업무대행계약서

(출처 : 국토교통부)

참고자료

🌀 국토교통부

지역 · 직장주택조합 표준규약서

2016. 12.

 국토교통부

목
차

【 표준규약의 활용방법 】

지역 · 직장주택조합은 주택법령에 따른 다수의 무주택자(주거전
용면적 85㎡ 이하 주택소유자 포함)가 조합을 설립하여 사업부지를
확보하고 주택법령에 따라 사업부지를 관할하는 시장 · 군수 · 구
청장으로부터 조합설립인가를 받은 후 시공자와 함께 주택건설사
업을 시행하는 제도이다.

표준규약은 주택건설사업에 경험이 없는 지역 · 직장주택조합 및
조합원이 규약을 작성함에 있어 그 사업의 구체적인 추진절차와
조합원의 권리 · 의무관계, 주택조합운영방법, 사업시행방법, 분
쟁해결 방법 등 주택조합의 규약에 반영되어야 할 방법을 예시하
는 하나의 가이드라인으로 법적 구속력은 없다.

표준규약은 주택조합 · 시공사 · 사업부지의 특징과 여건 등에 따
라 각자의 실정에 맞도록 추가 · 삭제 · 수정할 수 있다. 그러나 조
합원의 권익과 관계되는 사항에 대한 규정완화 등은 치밀한 검토
와 전체적인 합의 절차 등을 거쳐 신중하게 정하는 것이 바람직하
며 관계법령에 위반되어서는 아니 된다. 표준규약에서 사용된 용

어 또는 기호의 정의는 다음과 같다.

【주】표준규약에 직접 규정한 사유와 관계법령의 근거 및 해
당 조항이 지니는 의의와 성격을 설명하였고, 실제 규약
작성 시 주의해야 할 내용 · 기준 · 범위 및 출처 등을 설
명한 것임.

○ : 표준규약에 직접 규정하기 어려운 사항으로 명칭 및 사업
부지의 위치, 대표자 성명, 구체적인 수치 등을 주택조합
에서 기재해야 할 사항임.

제1장 총칙

제1조(명칭)

본 조합의 명칭은 ○○○지역(직장)주택조합(이하"조합"이라 한다)이
라 한다.

> 【주】「주택법」에 따라 지역주택조합, 직장주택조합의 명칭 사용.

제2조(목적)

본 규약은 「주택법」에 따른 지역(직장)주택조합사업에 관한 필요한
사항을 정하여 조합원의 권익을 보호하고 사업추진이 원활히 이
루어지도록 함으로써 조합원 주거생활의 안정을 도모함을 목적으
로 한다.

제3조(사무소)

조합의 주된 사무소는 ○○(시·도) ○○(시·군·구) ○○(읍·면)
○○(로·길) ○○○에 둔다.

제4조(사업시행지역의 위치 및 면적)

조합의 주택건설대지는 ○○(시 · 도) ○○(시 · 군 · 구) ○○(읍 · 면) ○○(로 · 길) ○○○번지 외 ○○필지로서 사업부지의 총면적은 ○○○○㎡로 한다. 단, 본 사업의 시행상 필요할 경우 대지의 총면적이 다소 증감할 수 있다.

조합은 당해 주택건설대지가 이미 인가를 받은 다른 주택조합의 주택건설대지와 중복되지 아니하도록 한다.

> 【주】「주택법 시행령」 제20조의 내용을 반영하여 주택조합의 설립인가 시 필수적으로 조합의 주택건설대지를 특정하도록 함. 다만, 진입로부지 매수, 사업부지 감소 등 사업시행 상 필요하여 사업부지의 면적변경(증감)이 있을 수 있음.

> 【주】「주택법 시행령」 제20조(주택조합의 설립인가 등) 참조 : 주택조합설립인가 · 변경인가 또는 해산인가를 받고자 하는 자는 인가 신청서에 필요 서류를 첨부하여 조합주택건설대지를 관할하는 시장 · 군수 · 구청장에게 제출하여야 함.

제5조(조합규약의 변경)

조합규약은 조합원 총회에서 제24조에 따른 총회의 의결 방법에 따라 변경한다.

> 【주】조합규약의 변경은 「주택법 시행규칙」 제7조제5항에 따라 총회의 의결사항에 해당함.

제6조(조합원의 권리 · 의무에 관한 사항의 고지 등)

① 조합은 조합원의 권리 · 의무에 관한 사항(변동사항을 포함한다. 이하 같다)을 조합원에게 성실히 고지하여야 한다.

② 조합이 제1항에 따라 조합원의 권리 · 의무에 관한 사항을 고지하는 때에는 이 규약에서 따로 정하는 것을 제외하고는 다음 각 호에 따른다.

> 1. 관련 조합원에게 등기우편으로 통지하여야 한다. 등기우편이 주소불명 등의 사유로 반송된 경우에는 제2호의 조치로 통지에 갈음한다.
> 2. 조합사무실 또는 인터넷(조합 홈페이지 등)에 3월 이상 비치하거나 게재하는 등의 조치를 하여 관련 조합원이 이를 열람할 수 있도록 하여야 한다.
>
> 【주】조합이 조합원의 권리 · 의무에 관한 사항을 사전에 성실히 고지하도록 하여 조합원의 권익을 보장하도록 하고 집행부의 독단적인 조합운영을 차단할 수 있도록 함.

제6조의2(관련 자료의 공개)

① 조합은 다음 각 호의 서류 및 관련 자료가 작성되거나 변경된 후 15일 이내에 이를 조합원이 알 수 있도록 인터넷과 그 밖의 방법을 병행하여 공개하여야 한다.

> 1. 조합규약
> 2. 공동사업주체의 선정 및 주택조합이 공동사업주체인 등록사업자와 체결한 협약서

3. 설계자 등 용역업체 선정 계약서

4. 조합총회 및 이사회, 대의원회 등의 의사록

5. 사업시행계획서

6 해당 주택조합사업의 시행에 관한 공문서

7. 회계감사보고서

8. 연간 자금운용 계획서

9. 월별 자금 입출금 명세서

10. 월별 공사진행 상황에 관한 서류

11. 주택조합이 사업주체가 되어 「주택법」 제54조제1항에
    따라 공급하는 주택의 분양신청에 관한 서류 및 관련
    자료

12. 그 밖에 주택조합사업 시행에 관하여 「주택법 시행령」
    으로 정하는 서류 및 관련 자료

② 제1항에 따른 서류 및 다음 각 호를 포함하여 주택조합사업의
  시행에 관한 서류와 관련 자료를 조합원이 열람ㆍ복사 요청을
  한 경우 조합은 15일 이내에 그 요청에 따라야 한다. 이 경우
  복사에 필요한 비용은 실비의 범위에서 청구인이 부담한다.

    1. 조합 구성원 명부

    2. 토지사용승낙서 등 토지확보 관련 자료

    3. 그 밖에 「주택법 시행령」으로 정하는 서류 및 관련 자료

③ 제1항 및 제2항에 따라 공개 및 열람ㆍ복사 등을 하는 경우에
  는 「개인정보 보호법」에 따르며, 그 밖의 공개 절차 등 필요한

사항은 「주택법 시행규칙」에 따른다.

제7조(용어의 정의)

이 규약에서 사용하는 용어의 의미는 다음과 같다.

1. 조합운영비 : 조합사무실의 운영, 임직원의 급여, 기타 경비에 사용하기 위하여 조합원들이 납입하는 금액

2. 토지매입비 : 사업대상 토지구입을 위해 조합원이 납입하는 금액

3. 건축비 : 건축을 위한 직·간접 공사비로 조합원이 납입하는 금액

4. 부담금(조합비) : 조합운영비, 토지매입비, 건축비 등 조합의 사업추진을 위해 조합원이 조합에 납입하는 일체의 금액

5. 1차 조합원 : 조합설립인가 당시의 조합원 또는 이들의 지위를 승계한 자

6. 2차 조합원 : 조합설립인가 후 추가모집승인을 받아 조합에 가입한 조합원

   【주】조합의 사업형태에 따라 조합원들이 조합에 납입하는 금액의 성격을 명확히 할 필요가 있음. 조합운영비 등을 별도로 징구하지 않는 조합이 있을 수 있으며, 조합의 형편에 따라 필요한 사항을 정하면 될 것임.

제2장 조합원

제8조(조합원의 자격)

조합원의 자격요건은 주택법령에서 정한 조합원의 자격요건을 말하며, 다음 각 호와 같다.

1. 지역주택조합의 조합원

가. 다음 1), 2)의 요건을 모두 갖춘 사람

1) 조합설립인가 신청일(해당 주택건설대지가 「주택법」 제63조에 따른 투기과열지구 안에 있는 경우에는 조합설립인가 신청일 1년 전의 날을 말한다. 이하 같다)부터 해당 조합주택의 입주가능일까지 주택을 소유(「주택법 시행규칙」 제8조1항에 따른 지위를 포함한다. 이하 가.에서 같다)하지 아니한 세대의 세대주로서 다음의 어느 하나에 해당할 것

   가) 「주택법 시행규칙」 제8조에 따라 세대주를 포함한 세대원[세대주와 동일한 세대별 주민등록표에 등재되어 있지 아니한 세대주의 배우자 및 그 배우자와 동일한 세대를 이루고 있는 사람을 포함한다. 이하 나)에서 같다] 전원이 주택을 소유하고 있지 아니한 세대의 세대주일 것

   나) 「주택법 시행규칙」 제8조에 따라 세대주를 포함한 세대원 중 1명에 한정하여 주거전용면적 85㎡ 이하의 주택 1채를 소유한 세대의 세대주일 것

2) 조합설립인가 신청일 현재 「주택법」 제2조제11호가목의 구분에
   따른 지역에 6개월 이상 계속하여 거주하여 온 사람일 것

2. 직장주택조합의 조합원

가. 다음 1), 2)의 요건을 모두 갖춘 사람

1) 1. 지역주택조합의 조합원 가.에 해당하는 사람일 것. 다만, 국
   민주택을 공급받기 위한 직장주택조합의 경우에는 지역주택조
   합의 조합원 요건 가. 중 1)에 해당하는 세대주로 한정한다.

2) 조합설립인가 신청일 현재 동일한 특별시 · 광역시 · 특별자치
   시 · 특별자치도 · 시 또는 군(광역시의 관할구역에 있는 군은 제외
   한다) 안에 소재하는 동일한 국가기관 · 지방자치단체 · 법인에
   근무하는 사람일 것

3. 조합원 자격의 예외

지역 · 직장주택조합의 조합원이 근무 · 질병치료 · 유학 · 결혼 등
부득이한 사유로 인하여 세대주 자격을 일시적으로 상실한 경우
로서 시장 · 군수 또는 구청장이 인정하는 경우에는 조합원 자격
이 있는 것으로 본다.

> 【주】조합원 자격의 규정은 법 제11조제7항 및 영 제21조 등에
> 규정된 중요한 사항이므로 주택법령 등에서 정하는 구체
> 적인 사항을 추가하도록 하고, 동일지역의 범위는 동일
> 한 특별시, 광역시, 시 또는 군(광역시의 관할구역에 있는 군을
> 제외한다)이어야 함.

> 【주】조합원 자격의 지속적인 유지여부는 전산검색에 의하여
> 확인될 것이고, 추후 2차 조합원 및 조합원 변경의 요건
> 역시 1차 조합원과 동일한 조건을 유지하도록 명확하게
> 제시되어야 할 것임.

제9조(조합가입)

① 규약 제8조(조합원 자격)에 해당하는 자로서 조합에 가입하고자
하는 자는 소정 양식의 가입 신청서 및 사업시행에 필요한 서
류를 제출하여 조합장의 허가를 얻어야 한다.

② 조합원은 조합이 사업시행에 필요한 서류를 요구할 경우에 이
를 제출할 의무가 있으며, 조합은 요구서류에 대한 용도와 수
량을 명확히 하여야 한다.

③ 조합원의 자격이나 권한, 입주자로 선정된 지위 등을 양도·상
속·증여 및 판결 등으로 이전받은 자는 조합원의 권리와 의무
및 종전의 조합원이 행하였거나 조합이 종전의 조합원에게 행
한 처분, 청산 시 권리·의무에 관한 범위 등을 포괄 승계한다.

　　【주】조합원 지위 이전 시 권리관계를 명확하게 함으로써 업
　　　　무의 혼란을 줄이기 위함.

제10조(조합원의 권리와 의무)

① 조합원은 다음 각 호의 권리를 갖는다

　　1. 사업계획으로 정한 조합주택의 공급청구권

　　2. 총회의 출석권·발언권 및 의결권

　　3. 임원과 대의원의 선출권 및 피선출권. 피선출권은 조합
　　　원에 한하며 조합원 이외의 자는 임원 및 대의원으로 선
　　　출될 수 없다.

　　【주】임원과 대의원의 피선출권을 조합원에 한하도록 하여 자
　　　　격시비를 방지하고자 함.

② 조합원은 다음 각 호의 의무가 있다.

  1. 부담금(조합운영비, 토지매입비, 건축비 등) 등의 납부의무

  2. 관계법령, 규약 및 총회 등의 의결사항 준수 의무

  > 【주】조합원에게 금전적 부담이 되는 사항을 보다 명확히 규
  > 정하기 위한 것으로 조합에 따라 보다 구체적으로 명시
  > 할 수도 있음.

③ 조합원의 의결권은 평등하며, 권한의 대리행사는 원칙적으로
인정하지 않는다. 다만, 조합원이 유고로 권한을 행사할 수 없
는 경우에는 성년자를 대리인으로 정하여 위임장을 제출하고
그 권한을 대리로 행사할 수 있다.

  > 【주】조합원의 부재, 유고 등으로 조합원의 권한을 대리로 행
  > 사하는 경우에 자격 등에 관한 분쟁이 많은 점을 감안한
  > 것임.

④ 조합원이 주소 또는 인감을 변경하였을 경우에는 즉시 조합에
통지하여야 하며, 통지하지 아니하여 발생되는 불이익에 대하
여 조합에 이의를 제기할 수 없다.

제11조(조합원 지위의 양도)

① 조합원이 그 권리를 양도할 때에는 관계법령에 적합하여야 하
며, 관할 시·군·구청에서 양도계약서에 검인을 받아 조합에
서 권리의무승계계약서를 작성하여야 한다. 양도 즉시 검인 및
권리의무승계계약서를 작성하지 아니한 경우 이로 인한 불이
익에 대하여 해당 조합원은 조합에 이의를 제기할 수 없다.

② 조합은 검인받은 양도계약서 사본을 제출받아 권리의무승계계약서에 첨부하여 보관하고 조속히 조합설립인가권자에게 조합원 변경인가를 신청하여야 한다. 양도자는 변경인가를 받을 때까지 조합원 자격을 유지하여야 하며, 양수자는 변경인가를 받아야 조합원이 될 수 있다.

> 【주】전매 등으로 조합원의 권리가 양도되는 경우가 많으나 관계법령에 위배되는 전매가 있을 수 있으므로 이를 방지하고, 아울러 조합이 조속히 조합원 변경인가를 처리할 수 있도록 하여 사업추진에 지장을 초래하는 것을 방지하고자 함.

③ 제1항에 따른 양도계약서 및 권리의무승계계약서에는 인감도장으로 날인하여야 하고, 인감증명서를 첨부하여야 한다.

> 【주】조합원 지위의 양도에 관한 사항은 조합원의 재산상 매우 중요한 사항이므로 조합원의 권익보호를 위하여 조합원 본인의 인감을 날인토록 하는 것임. 다만, 인감날인 및 인감증명서의 첨부는 조합원의 지위를 양도하는 경우 이외에도 조합원의 권리행사에 매우 중요한 다른 규정에서도 총회의 의결을 거쳐 포함시킬 수 있을 것임.

제12조(조합원의 탈퇴 · 자격상실 · 제명)

① 조합원은 임의로 조합을 탈퇴할 수 없다. 다만, 부득이한 사유가 발생하여 조합원이 조합을 탈퇴하고자 할 때에는 15일 이전에 그 뜻을 조합장에게 서면으로 통고하여야 하며, 조합장은 총회 또는 대의원회의 의결로써 탈퇴 여부를 결정하여야 한다.

> 【주】조합원의 개인적 사정에 따라 빈번하게 탈퇴가 이루어진

다면 사업추진에 지장이 많으므로 원칙적으로 임의탈퇴
는 불허하되, 총회 등의 의결에 따르도록 한 것이며 총회
또는 대의원회의 의결 여부는 조합원 수, 단지규모, 탈퇴
가 조합에 미치는 영향 등을 감안하여 결정하면 될 것임.

② 관계법령 및 이 규약에서 정하는 조합원 자격에 해당하지 않게
된 자의 조합원 자격은 자동 상실된다.

> 【주】관계법령 및 규약에서 정하는 조합원 자격에 해당하지
> 않게 된 경우 조합원의 자격이 조합내부의 별도 절차(총회
> 또는 대의원회 의결 등)나 행정절차(변경인가 등)를 받을 때까지
> 지속되는지 여부에 대한 논란을 방지하고자 함.

③ 조합원이 다음 각 호에 해당하는 경우 등 조합원으로서의 의무
를 이행하지 아니하여 조합에 손해를 입힌 경우에는 대의원회
또는 총회의 의결에 따라 조합원을 제명할 수 있다. 이 경우 제
명 전에 해당 조합원에 대해 소명기회를 부여하여야 하되, 소
명기회를 부여하였음에도 이에 응하지 아니한 경우에는 소명
기회를 부여한 것으로 본다.

1. 부담금 등을 지정일까지 2회 이상 계속 납부하지 않을
경우
2. 조합의 목적에 위배되는 행위를 하여 사업추진에 막대
한 피해를 초래하였을 경우

> 【주】소수의 조합원이 의무를 불이행하여 조합에 피해를 주는
> 경우에는 해당 조합원을 제명할 수 있도록 하되, 조합이
> 이를 남용할 소지도 있으므로 소명기회를 부여하도록 한
> 것임.

④ 탈퇴, 조합원 자격의 상실, 제명 등으로 조합원의 지위를 상실한 자에 대하여는 조합원이 납입한 제 납입금에서 소정의 공동부담금을 공제한 잔액을 환급청구일로부터 30일 이내에 지급하되, 총회의 의결로서 공제할 공동부담금 및 환급시기를 따로 정할 수 있다.

> 【주】조합원의 지위를 상실한 경우에는 조속하게 납입금을 반환하도록 하여 분쟁을 방지하고자 함. 다만, 주택조합의 사정에 따라서는 자금능력의 부족으로 조속한 환급이 불가능한 경우가 있고, 이러한 경우에도 조속한 상환을 강제한다면 잔존 조합원의 피해가 클 것이므로 예외적으로 총회의 의결로서 환급시기를 사업완료 후 등으로 조정할 수 있도록 규정한 것임.

제13조(조합원의 모집)

① 조합은 조합설립인가를 받거나 인가받은 내용을 변경하기 위하여 조합원을 모집하려는 경우 「주택법」 제11조의3에 따라 관할 시장·군수·구청장에게 신고하고, 공개모집의 방법으로 조합원을 모집하여야 하며, 이에 위배되어 조합원을 모집할 수 없다. 조합의 설립인가를 받기 전에 신고한 내용을 변경하는 경우에도 또한 같다.

② 제1항에 의한 공개모집 이후 조합원 사망·자격상실·탈퇴 등으로 인한 결원을 충원하거나 미달된 조합원을 재모집하는 경우에는 신고하지 않고 선착순의 방법으로 조합원을 모집할 수 있다.

제14조(조합원의 추가모집 · 교체)

조합은 설립인가를 받은 후에는 해당 조합원을 교체하거나 신규로 가입하게 할 수 없다. 다만, 조합원 수가 주택건설예정세대수를 초과하지 아니하는 범위에서 시장 · 군수 · 구청장으로부터 조합원 추가모집의 승인을 받은 경우와 다음 각 호의 어느 하나에 해당하는 사유로 결원이 발생한 범위에서는 충원할 수 있다.

1. 조합원의 사망
2. 「주택법」 제15조에 따른 주택건설사업계획의 승인 이후에 입주자로 선정된 지위(당해 주택에 입주할 수 있는 권리 · 자격 또는 지위 등을 말한다)가 양도 · 증여 또는 판결 등으로 변경된 경우. 다만, 법 제64조제1항제1호에 따라 전매가 금지되는 경우를 제외한다.
3. 조합원 탈퇴 등으로 조합원 수가 주택건설예정세대수의 50% 미만이 되는 경우
4. 조합원이 무자격자로 판명되어 자격을 상실하는 경우

5. 「주택법」 제15조에 따른 사업계획승인 과정 등에서 주택
   건설예정세대수가 변경되어 조합원 수가 변경된 세대수
   의 50% 미만이 되는 경우

   【주】「주택법 시행령」 제22조에 따라 조합원의 추가모집이나
      교체에 관하여 일정한 제한을 가하고 있으므로 이를 규
      약에 반영할 필요가 있음.

   【주】「주택법 시행령」 제22조제1항에 따르면, 지역조합 또는
      직장조합은 그 설립인가를 받은 후에는 당해 조합의 구
      성원을 교체하거나 신규로 가입하게 할 수 없음. 다만,
      조합원 수가 설립인가 당시의 사업계획서상 주택건설예
      정세대수를 초과하지 아니하는 범위 안에서 시장 등으로
      부터 국토교통부령이 정하는 바에 따라 조합원 추가모집
      의 승인을 받은 경우와 기타 사유로 결원이 발생한 범위
      안에서 충원하는 경우에는 그러하지 않음.

   【주】「주택법 시행령」 제22조제2항 : 제1항에 따라 조합원으로
      추가모집되거나 충원되는 자가 제21조제1항제1호 및 제
      2호에 따른 조합원 자격요건 충족여부의 판단은 당해 주
      택조합의 설립인가 신청일을 기준으로 한다. 다만, 제21
      조제1항 각 호 외의 부분 단서에 따라 조합원의 지위를
      상속받은 자는 제21조제1항제1호 및 제2호에 따른 조합
      원 자격요건을 필요로 하지 않음.

   【주】「주택법 시행령」 제22조제3항 : 제1항에 따른 조합원 추
      가모집의 승인과 조합원 추가모집에 따른 주택조합의 변
      경인가 신청은 사업계획승인 신청일까지 하여야 함.

   【주】「주택법」 제11조제7항 단서 : 다만, 제63조제1항에 따른
      투기과열지구에서 제1항에 따라 설립인가를 받은 지역

주택조합이 구성원을 선정하는 경우에는 신청서의 접수 순서에 따라 조합원의 지위를 인정하여서는 아니 된다.

【주】「주택법」제64조제1항제1호 : ① 사업주체가 건설·공급하는 주택 또는 주택의 입주자로 선정된 지위(입주자로 선정되어 그 주택에 입주할 수 있는 권리·자격·지위 등을 말한다. 이하 같다)로서 다음 각 호의 어느 하나에 해당하는 경우에는 10년 이내의 범위에서 대통령령으로 정하는 기간이 지나기 전에는 그 주택 또는 지위를 전매(매매·증여나 그 밖에 권리의 변동을 수반하는 모든 행위를 포함하되, 상속의 경우는 제외한다. 이하 같다)하거나 이의 전매를 알선할 수 없다. 이 경우 전매제한 기간은 주택의 수급 상황 및 투기 우려 등을 고려하여 대통령령으로 지역별로 달리 정할 수 있다.

1. 투기과열지구에서 건설·공급되는 주택의 입주자로 선정된 지위

제3장 임원

제15조(임원의 수와 피선출권)

본 조합에는 조합장 1인과 ○인 이내의 이사 및 2인 이내의 감사
를 둔다. 조합원이 아닌 자는 임원으로 선출될 수 없다.

> 【주】조합의 대표로서 조합장 1인을 두고, 조합의 실정에 맞게
> 적정한 수의 이사를 두도록 함. 주택조합의 특성상 조합
> 원이 아닌 자의 임원 피선출권을 금지하여야 함.

제16조(임원의 선출)

임원은 총회에서 재적조합원 과반수의 출석과 출석조합원 과반수
의 찬성으로 선출한다. 다만, 1차 투표에서 정족수에 미달되어 선
출이 불가능한 경우에는 다득표자 2인을 상대로 2차 투표를 실시
하고, 2차 투표에서도 정족수에 미달된 경우 3차 투표를 통해 최
다득표수로 선출할 수 있다.

> 【주】조합임원의 선임과 해임은 「주택법 시행규칙」 제7조제5
> 항에 따라 총회의 의결사항임.

제17조(임원의 임기)

임원의 임기는 3년으로 하되, 연임할 수 있다.

> 【주】임원의 임기를 사업종료 시까지로 할 경우 조합원의 견제기능이 미치지 못하여 조합임원의 부조리가 발생할 개연성이 높아지므로 임기를 제한한 것임.

제18조(임원의 결격사유 및 자격상실 등)

① 다음 각 호의 어느 하나에 해당하는 사람은 조합의 임원이 될 수 없다.

    1. 미성년자 · 피성년후견인 · 피한정후견인

    2. 파산선고를 받은 사람으로서 복권되지 아니한 사람

    3. 금고 이상의 실형을 선고받고 그 집행이 종료(종료된 것으로 보는 경우를 포함한다)되거나 집행이 면제된 날부터 2년이 경과되지 아니한 사람

    4. 금고 이상의 형의 집행유예를 선고받고 그 유예기간 중에 있는 사람

    5. 금고 이상의 형의 선고유예를 받고 그 선고유예기간 중에 있는 사람

    6. 법원의 판결 또는 다른 법률에 따라 자격이 상실 또는 정지된 사람

    7. 본 주택조합의 공동사업주체인 등록사업자 또는 업무대행사의 임직원

② 제1항 각 호의 사유가 발생하면 해당 임원은 당연히 퇴직된다.

③ 제2항에 따라 퇴직된 임원이 퇴직 전에 관여한 행위는 그 효력을 상실하지 아니한다.

④ 임원 및 대의원으로 선임된 후 그 직무와 관련한 형사사건으로 기소될 경우에는 확정판결이 있을 때까지 이사회 또는 대의원회 의결에 따라 직무수행자격을 정지시킬 수 있으며, 그 사건으로 벌금이상의 형의 선고를 받은 임원 및 대의원은 그 날부터 자격을 상실한다. 자격을 상실한 경우 즉시 새로운 임원 및 대의원을 선출하여 관할 관청의 변경인가를 받아야 한다.

> 【주】당해 주택조합의 시공사(공동사업주체인 등록사업자), 업무대행사의 임직원이 조합임원이 될 경우 조합원의 권익보다는 시공사 등의 이익을 추구할 가능성이 있으므로 시공사 등의 임직원에 대하여 조합임원의 자격을 제한하고자 한 것임(「주택법」 제13조제1항제7호).

> 【주】조합임원의 선임과 해임은 총회의 의결사항이고 직무와 관련된 사건으로 기소된 후 확정판결까지의 기간이 장기화될 경우 해당 임원의 자격시비 등으로 조합업무추진에 지장이 많음을 감안한 것임.

제19조(임원의 직무 등)

① 조합장은 조합을 대표하고 조합의 사무를 총괄하며 총회와 대의원회 및 이사회의 의장이 된다.

② 이사는 이사회에 부의된 사항을 심의·의결하며 이 규약 또는 업무규정이 정하는 바에 따라 조합의 사무를 분담한다.

③ 감사는 조합의 업무 및 재산상태와 회계를 감사하며 정기총회
에 감사결과보고서를 제출하여야 한다. 이 경우 조합원 1/10 이
상의 요청이 있을 때에는 공인회계사에게 회계감사를 의뢰하
여 공인회계사가 작성한 감사보고서를 제출하여야 한다.

> 【주】조합회계 등 감사의 업무에 관하여 의혹이 있을 경우 공
> 인회계사에게 회계감사를 의뢰토록 하여 의혹을 해소할
> 수 있도록 한 것으로 요청정족수는 조합의 규모 등에 따
> 라 1/20, 1/5, 1/3 등으로 적정하게 조정할 수 있음.

④ 감사는 조합의 재산관리 또는 업무집행이 공정하지 못하거나
부정이 있음을 발견하였을 때에는 대의원회 또는 총회에 보고
하여야 하며, 조합장에게 보고를 위한 회의를 소집할 것을 요
구할 수 있다. 이 경우 감사의 회의 소집요구에도 불구하고 조
합장이 회의를 소집하지 아니하는 경우에는 감사가 직접 회의
를 소집할 수 있다. 회의 소집 절차와 의결방법 등은 제22조제6
항 및 제7항, 제24조, 제27조, 제28조의 규정을 준용한다.

> 【주】부정이 있을 경우, 감사에게 총회 또는 대의원회의의 소
> 집요구권 및 소집권을 부여함으로써 부정에 대한 신속한
> 조치를 기할 수 있도록 한 것임.

⑤ 조합장이 자기를 위한 조합과의 계약이나 소송에 관련되었을
경우에는 감사가 조합을 대표한다.

⑥ 조합장이 유고로 인하여 그 직무를 수행할 수 없을 때에는 이
사 중에서 연장자순에 따라 그 직무를 대행한다.

> 【주】부조합장이 있는 경우 부조합장, 상근이사 중 연장자순
> 등으로 조합여건에 맞게 조정할 수 있음.

⑦ 조합은 그 사무를 집행하기 위하여 필요하다고 인정하는 때에는 조합의 인사규정이 정하는 바에 따라 상근하는 임원 또는 유급직원을 들 수 있다.

> 【주】상근임원의 종류 및 상근임원의 업무범위·권한·의무, 유급직원의 수 및 직함, 업무내용 등을 별도의 인사규정을 마련하여 운영하도록 한 것이나, 조합의 규모나 성격에 따라 별도의 인사규정이 없이 규약에 직접 정할 수도 있을 것임.

⑧ 조합에 상근하는 임직원은 같은 목적의 사업을 시행하는 다른 조합 또는 시공사 및 유사단체의 임직원을 겸할 수 없다.

제20조(임원의 사임 및 해임 등)

① 임원이 자의로 사임하는 경우에는 서면에 의한 사임서를 제출하여야 한다. 조합장 및 감사의 경우에는 사임서가 총회, 대의원회 또는 이사회에 제출되어 수리된 때, 나머지 임원의 경우에는 사임서가 조합장에게 제출되어 수리된 때에 사임의 효력이 발생한다. 사임의 효력이 발생한 때에는 사임서를 수리한 기관(조합장의 경우에는 총회, 대의원회 또는 이사회, 기타 임원의 경우에는 조합장)의 동의가 없는 한 임의로 사임을 철회할 수 없다.

> 【주】임원을 사임하는 경우에 사임의 효력발생시기가 불투명하고, 사임 이후에 사임의사를 철회하는 경우에도 임원자격유무를 둘러싸고 분쟁이 발생하는 경우가 많으므로 사임의 효력발생시기 및 철회가 가능한지 여부를 명확하게 규정하여 혼선을 방지하고자 한 것임.

② 임원은 그 선임 절차에 따라 해임할 수 있다. 이때 감사는 임원에 대한 해임사유에 대하여 총회에 보고할 수 있으며, 감사의 해임일 경우 조합장이 해임사유에 대하여 총회에 보고할 수 있다.

> 【주】조합장을 비롯한 임원의 해임은 선임과 같은 절차로 행하여지도록 한 것임. 조합임원의 선임 및 해임은 「주택법 시행규칙」 제7조제5항에 따라 총회의결사항임.

③ 제1항 및 제2항에 따라 임원이 사임하거나 해임되는 경우에 임원 선임 절차에 따라 즉시 새로운 임원을 선출하여야 하며 새로운 임원이 선임, 취임할 때까지는 종전의 임원이 직무를 수행한다.

④ 제3항의 경우 사임하거나 해임되는 임원이 새로운 임원이 선임, 취임할 때까지 직무를 수행하는 것이 적합하지 아니하다고 인정될 때에는 이사회 또는 대의원회의 의결에 따라 그의 직무수행을 정지하고 조합장이 임원의 직무를 수행할 자를 임시로 선임할 수 있다. 다만, 조합장이 사임 또는 해임되거나 제18조 제2항에 따른 직무수행자격의 정지기간 동안에는 감사가 임원의 직무를 수행할 자를 임시로 선임할 수 있다.

> 【주】임원이 직무태만, 부정 등으로 해임되는 경우에는 새로운 임원이 선출될 때까지 업무를 수행하는 것이 적정하지 못한 경우가 있을 것이므로 업무공백이나 부작용이 없도록 업무수행을 대신할 자를 임시로 선임할 수 있도록 한 것임.

제21조(임직원의 보수 등)

① 조합은 상근임원 또는 비상근 임원에 대하여 별도로 정하는 보
수규정에 따라 보수를 지급할 수 있으며, 임원이 그 직무를 수
행함으로써 발생되는 경비를 지급할 수 있다.

> 【주】직장주택조합이나 지역주택조합의 경우에 상근하는 임
> 원이 없는 조합이 많으나 비상근 임원이라 하더라도 조
> 합의 업무를 위하여 많은 시간을 투여하고, 비용을 지출
> 하는 경우도 많이 있으므로 조합의 사정에 따라 상근, 비
> 상근 임원에 대하여 보수 및 경비를 지급할 수 있을 것임.

② 유급직원에 대하여 조합이 정하는 별도의 보수규정에 따라 보
수를 지급하여야 한다.

> 【주】임원 및 유급직원에 대한 보수는 사업비에 영향을 미치
> 므로 별도의 보수규정을 마련하여 운영토록 한 것이나,
> 조합의 규모에 따라 규약에 보수에 관한 사항 등을 직접
> 규정할 수도 있음.

③ 유급직원은 조합의 인사규정(또는 규약의 인사에 관한 규정 제○
조제○항)이 정하는 바에 따라 조합장이 임명한다. 이 경우 임명
결과에 대해 사후에 총회 또는 대의원회의 인준을 받아야 하며
인준을 받지 못하면 즉시 해임하여야 한다.

제4장 총회, 대의원회, 이사회

제22조(총회의 설치)

① 조합에는 조합원 전원으로 구성되는 총회를 둔다.

② 총회는 창립총회, 정기총회, 임시총회로 구분하며 조합장이 소집한다. 다만, 창립총회는 주택조합추진위원회 위원장, 발기인 등이 소집한다.

③ 정기총회는 매년 회계연도 종료 후 3개월 내에 개최한다. 다만, 부득이한 사정이 있는 경우에는 대의원회 또는 이사회 의결로 일시를 변경할 수 있다.

> 【주】정기총회는 매년 일정한 시기에 개최하는 것이 바람직하나 조합의 사정에 따라 탄력적으로 운영할 수 있도록 총회개최 시기의 변경을 가능케 한 것임.

④ 임시총회는 다음 각 호의 경우에 개최한다.

　　1. 조합장이 필요하다고 인정하는 경우

　　2. 재적조합원 1/5 이상이나 재적대의원 2/3 이상 또는 감사 전원으로부터 안건을 명시하여 서면에 의한 임시총

회의 소집요구가 있을 경우

⑤ 제4항 제2호의 경우 조합장은 필요성 유무에 불구하고 1개월
이내에 임시총회를 개최하여야 한다. 이 경우 7일 이내에 조합
장이 총회소집요구에 응하지 않을 경우에는 총회소집을 요구
한 조합원, 대의원, 감사는 법원의 총회소집 허가를 얻어 총회
를 소집할 수 있다. 총회소집을 요구한 조합원, 대의원, 감사가
법원에 총회소집 허가신청을 한 뒤에는 조합장은 같은 안건을
목적으로 한 총회를 소집할 수 없다.

> 【주】일정비율 이상의 조합원, 대의원 또는 감사에게 총회소
> 집요구권을 부여함으로써 조합원의 권익을 보호하도록
> 함. 이때, 총회소집요구 정족수는 조합원 수, 조합의 규
> 모 등에 따라 적절히 정할 수 있을 것임.

> 【주】조합원, 대의원 또는 감사에게 총회소집권을 부여한 것은
> 민법의 사단법인에 관한 규정 중 소수조합원의 권리를 원
> 용한 것이므로 이에 따라 법원의 허가를 얻어 총회를 소
> 집할 수 있도록 정한 것임. 법원의 허가를 얻도록 한 것은
> 소수조합원에 의한 총회소집권 남용을 방지하고, 총회소
> 집 절차가 법령 및 규약에 부합하도록 하기 위한 것임.

> 【주】총회소집을 요구한 조합원, 대의원, 감사가 법원에 총회
> 소집 허가신청을 한 뒤에 조합장이 같은 안건을 목적으
> 로 한 총회를 소집하는 것을 허용한다면 조합장이 총회
> 개최 시기를 고의로 지연시키는 것을 방조하는 것이므로
> 소수조합원 등에 의한 총회소집요구의 실효성을 높이기
> 위하여 법원에 총회소집 허가신청을 한 뒤에는 조합장이
> 같은 안건을 목적으로 하는 총회를 소집하는 것을 제한
> 하고자 하는 것임.

⑥ 제2항부터 제4항까지에 따라 총회를 개최하는 경우에는 총회
의 목적·안건·일시·장소 등에 관하여 미리 이사회의 의결
을 거쳐야 한다.

⑦ 제2항부터 제5항까지에 따라 총회를 개최하는 경우에는 회의
개최 14일 전부터 회의 목적·안건·일시·장소 등을 조합사
무소의 게시판에 게시하거나, 인터넷홈페이지 등을 통하여 공
고하여야 하며, 각 조합원에게는 회의 개최 10일 전까지 등기
우편으로 이를 발송, 통지하여야 한다. 다만, 긴급을 요하여 이
사회의 의결로서 정한 경우에는 위 공고기간을 단축할 수 있으
나, 최소한 7일 이상의 공고기간은 부여하여야 한다.

제23조(총회의 의결사항)

① 다음 각 호의 사항은 총회의 의결을 거쳐 결정한다.
  1. 조합규약의 변경
  2. 자금의 차입과 그 방법·이율 및 상환방법
  3. 예산으로 정한 사항 외에 조합원에 부담이 될 계약
  4. 시공자의 선정·변경 및 공사계약의 체결
  5. 조합임원의 선임 및 해임
  6. 사업시행계획의 결정 및 변경. 단, 법령에 의한 변경 및
     인·허가과정에서 변경된 경우는 제외한다.
  7. 사업비의 조합원별 분담 명세
  8. 조합해산의 결의 및 해산 시 회계 보고
  9. 업무대행자 선정·변경 및 업무대행계약의 체결

10. 예산 및 결산의 승인

11. 기타 주택법령 및 이 규약 또는 조합설립인가조건에서 총회의 의결을 요하는 사항

12. 업무규정, 회계규정, 보수규정, 선거관리규정 등 조합 내부 규정의 제정 및 개정

【주】「주택법 시행규칙」제7조제5항의 내용 등을 반영하여 반 드시 총회의 의결을 거쳐야 할 내용을 명시한 것으로, 사 업시행에 있어서 핵심적인 사항에 대하여는 가급적 총회 에서 조합원 스스로가 결정하도록 하여야 할 것임.

② 제1항에 따른 총회의 의결사항은 대의원회, 이사회 등에 위임 할 수 없다.

【주】재건축 · 재개발 조합의 주요한 총회의결사항은 대의원 회가 대행할 수 없도록 하여 조합원의 총회의결권을 보 호하고 있음. 이를 준용함.

제24조(총회의 의결방법)

① 총회에서 의결을 하는 경우에는 조합원의 100분의 10(창립총회, 「주택법 시행규칙」제7조제5항에 따라 반드시 총회의 의결을 거쳐야 하는 사항을 의결하는 총회의 경우에는 조합원의 100분의 20을 말한 다) 이상이 직접 출석하여야 한다.

【주】서면결의서를 일괄 징구하는 등으로 조합원들의 의사를 제대로 수렴하지 않는 문제가 발생할 수 있으므로, 조합 원의 의결권을 실질적으로 보장하기 위한 방안으로 총회 에 조합원들의 일정 비율 이상이 직접 참석하도록 함.

② 총회는 이 규약에 달리 정함이 없는 한 재적조합원 과반수의 출석으로 개의하고 출석조합원의 과반수 찬성으로 의결한다.

③ 제1항에 불구하고 다음 각 호에 관한 사항은 재적조합원 2/3 이상의 출석과 출석조합원 2/3 이상의 찬성으로 의결한다.

    1. 사업종료의 경우를 제외하고 조합해산을 의결하는 경우

    2. 조합규약의 변경

      【주】조합의 존폐에 관계되는 중요사항의 경우 의결정족수를 강화할 수 있으며, 의결요건의 강화 정도 및 구체적인 내용은 조합의 실정에 따라 달리 정할 수 있을 것임.

④ 조합원은 서면이나 대리인을 통하여 의결권을 행사할 수 있다. 이 경우 제1항에 따른 직접 참석으로 보지 아니한다.

⑤ 조합원은 제3항에 따라 서면으로 의결권을 행사하는 때에는 안건내용에 대한 의사를 표시하여 총회 전일까지 조합에 도착되도록 제출하여야 한다.

⑥ 조합원은 제3항에 따라 대리인으로 하여금 의결권을 행사하는 때에는 성년자를 대리인으로 정하여 조합에 위임장을 제출하여야 한다.

제25조(대의원회의 설치)

① 조합에는 대의원회를 둘 수 있다.

② 대의원회는 조합원 ○명당 1인을 기준으로 선출하며, 대의원의 총수는 ○명 이상 ○명 이내로 한다.

【주】소규모 주택조합의 경우에는 총회, 이사회 이외에 별도의 대의원회가 불필요하지만, 대규모 주택조합의 경우에는 대의원회가 필요할 수 있으므로 조합의 실정(예 : 조합원 20명당 대의원 1명)에 따라 대의원회 구성여부를 자율적으로 결정하면 될 것임.

제26조(대의원회의 직무)

대의원회는 다음 각 호의 사항을 심의 · 의결한다.

1. 총회 부의안건의 사전심의 및 총회로부터 위임받은 사항
2. 예산 및 결산안의 심의
3. 비위방지 등을 위한 감사요청권 등 기타 규약으로 정하는 사항

【주】감사는 부정 등을 발견했을 때는 대의원회 또는 총회에 보고하여야 하고(제19조제4항) 이사회는 감사요청권이 있음(제33조).

제27조(대의원회의 소집)

① 대의원회는 의장이 필요하다고 인정하는 때에 소집한다. 다만, 대의원 1/3 이상이 회의 목적 사항을 제시하고 대의원회의 소집을 요구하는 때에는 의장은 즉시 대의원회를 소집하여야 한다. 이 경우 의장이 대의원회의를 소집하지 않을 경우에는 회의 소집을 요구하는 대의원 공동명의로 소집할 수 있다.

② 대의원회의 소집은 회의 개최 7일 전까지 회의 목적 · 안건 · 일시 · 장소 등을 조합사무소의 게시판에 게시하거나, 인터넷홈페이지 등을 통하여 공고하여야 하며 각 대의원에게는 등기우편으로 이를 발송, 통지하여야 한다. 다만, 긴급을 요하여 이사회의 의결로써 정한 경우에는 그러하지 아니하다.

제28조(대의원회의 의결방법)

① 대의원회는 재적대의원 과반수의 출석으로 개의하고 출석대의원 과반수 찬성으로 의결한다.

② 제24조제4항 및 제5항(서면 및 대리인에 의한 의결권 행사) 규정은 대의원회에 준용한다.

제29조(이사회의 설치)

① 조합에는 조합의 사무를 집행하기 위하여 조합장과 이사로 구성하는 이사회를 둔다.

② 이사회는 조합장이 소집하며, 조합장은 이사회의 의장이 된다.

제30조(이사회의 사무)

이사회는 다음 각 호의 사무를 집행한다.
    1. 조합의 예산 및 통상사무의 집행

2. 총회에 상정할 안건의 심의 · 결정

3. 기타 조합의 운영 및 사업시행에 관하여 필요한 사항

4. 총회에서 위임한 사항

제31조(이사회의 소집)

① 이사회는 조합장이 필요하다고 인정할 경우에 수시로 개최할 수 있다.

② 이사회의 소집은 회의 개최 1주일 전에 전 임원에게 서면으로 통지하여야 한다. 단 긴급을 요할 시에는 그러하지 아니하다.

제32조(이사회의 의결방법)

이사회는 구성원 과반수의 출석으로 개의하고 출석 구성원 과반수의 찬성으로 의결한다.

제33조(감사의 이사회 출석권한 및 감사요청)

① 감사는 이사회에 출석하여 의견을 진술할 수 있다. 다만, 의결권은 가지지 아니한다.

② 이사회 및 대의원회는 조합운영상 필요하다고 인정될 때에는 감사에게 조합의 회계 및 업무에 대한 감사를 실시하도록 요청할 수 있다.

【주】이사회의 어용화를 방지하기 위하여 대의원회에도 감사 요청권한을 부여한 것임.

제34조(회의록 작성 및 관리)

① 조합은 총회 · 대의원회 · 이사회의 회의록을 작성하여 보관하여야 한다.

② 회의록에는 다음 각 호의 사항을 기재하여 조합장 및 출석한 이사, 대의원, 감사가 기명날인하여 조합사무소에 비치하고 조합 인터넷홈페이지에 게시하여 조합원이 열람할 수 있도록 하여야 한다.

　　1. 회의의 일시 및 장소

　　2. 출석자의 수

　　3. 회의 안건

　　4. 의사진행과정 및 의결사항

　　　【주】총회 · 대의원회 · 이사회의 회의내용 및 결과에 대해 모든 조합원이 수시로 확인할 수 있도록 함으로써 집행부의 조합운영에 투명성과 공정성을 기하도록 한 것임.

제5장 조합회계

제35조(조합의 회계)

① 조합의 회계연도는 매년 1월 1일(설립인가를 받은 당해연도는 인가일)부터 12월 말일까지로 한다.

② 조합의 예산·회계는 기업회계의 원칙에 따르되 조합은 필요하다고 인정하는 경우 별도의 회계규정을 정하여 운영할 수 있다.

제36조(재원)

조합의 운영 및 사업시행을 위한 자금은 다음에 의하여 조달한다.

1. 조합원이 납부하는 부담금
2. 「주택법」에 근거한 융자금
3. 조합 또는 시공자가 조달하는 차입금
4. 대여금의 이자 및 연체료 등 수입금
5. 건축물 및 부대·복리시설의 분양 수입금
6. 기타 조합재산의 사용수익 또는 처분에 의한 수익금

　　【주】대여금의 이자율, 연체료 이자율 등은 시공사와 공사계약서에서 정한 금융기관의 이자율을 적용할 수 있을 것임.

제37조(부담금의 부과 및 징수)

① 조합원 부담금(조합운영비, 토지구입비, 건축비 등)은 공급받을 주택의 위치(동·호수), 면적, 이용상황, 환경 등 제반여건을 종합적으로 고려하여 공평하게 부과하여야 한다. 조합원이 분양받을 조합주택의 동, 층, 호수별로 가격차이가 있을 경우 그 가격 또는 가격산출의 방법을 동·호수 추첨, 지정 전에 공개하여야 한다.

> 【주】아파트의 동, 층, 호수별로 가격차이가 발생하므로 개별 가격 산정을 동·호수 추첨, 지정 전·후로 하여 전문업체에 위탁하여 부담금에 차등을 두는 것이 합리적임.

② 조합은 납부기한 내에 부담금을 납부하지 아니한 조합원에 대하여는 ○○은행에서 적용하는 연체금리의 범위 내에서 연체이자를 부과할 수 있다.

> 【주】사업추진을 위한 경비 등 부담금의 납부 및 이의 연체에 대한 조합의 처분 등에 대한 규정을 두어 조합원이 이를 숙지토록 하고, 일부 미납자로 인한 다수 조합원의 피해를 방지할 수 있도록 한 것임.

제38조(자금의 운영 및 관리)

① 조합원의 부담금은 본 조합주택의 사업목적 이외에는 사용할 수 없다.

② 조합의 사업비는 조합이 지정한 금융기관에 예치하되, 시공사와의 공사계약에 따라 시공사와 공동명의의 계좌를 사용하거

나, 신탁회사와 자금관리대리사무 계약을 체결하여 신탁회사로 하여금 관리하도록 할 수 있다.

> 【주】조합자금을 안정적으로 관리하기 위한 방안이 필요함. 시공사와 공동명의 관리, 신탁회사와 자금관리대리사무 계약체결 등을 고려할 수 있음.

제39조(조합의 회계감사)

① 감사는 조합의 업무 및 재산상태와 회계에 관하여 감사하며, 정기총회에 감사결과보고서를 제출하여야 한다.

② 조합은 주택법령에 의거 다음 각 호의 1에 해당하는 날부터 30일 이내에 「주식회사의 외부감사에 관한 법률」 제3조에 따른 감사인의 회계감사를 받아야 하며, 회계감사결과는 총회 또는 조합원에게 서면으로 보고하고, 3월 이상 조합사무실에 비치하거나 인터넷에 게시하는 등 조합원들이 열람할 수 있도록 하여야 한다.

    1. 「주택법」 제11조에 따른 주택조합설립인가를 받은 날부터 3개월이 지난 날

    2. 「주택법」 제15조에 따른 사업계획승인을 받은 날부터 3개월이 지난 날

    3. 「주택법」 제49조에 따른 사용검사 또는 임시 사용승인을 신청한 날

③ 제2항에 따른 회계감사에 대하여는 「주식회사의 외부감사에 관

한 법률」제5조에 따른 회계감사기준을 적용한다.

④ 제2항에 따른 회계감사를 실시한 자는 회계감사 종료일부터 15
일 이내에 회계감사결과를 시장·군수·구청장과 당해 주택조
합에 통보하여야 한다.

⑤ 시장·군수·구청장은 제5항에 따라 통보받은 회계감사결과
의 내용을 검토하여 위법 또는 부당한 사항이 있다고 인정되는
때에는 그 내용을 당해 주택조합에 통보하고 그 시정을 요구할
수 있다.

> 【주】「주택법」제14조제3항을 규약에 명시하여 조합원이나 임
> 직원이 이를 명확히 숙지토록 한 것임.

> 【주】「주택법」제14조제3항 : 주택조합은 대통령령이 정하는
> 바에 따라 회계감사를 받아야 하며, 그 감사결과를 관할
> 시장·군수·구청장에게 보고하고, 인터넷에 게재하는
> 등 당해 조합원이 열람할 수 있도록 하여야 한다.

> 【주】「주택법 시행령」제26조제1항 : 주택조합은 법 제14조제3
> 항에 따라 다음 각 호의 어느 하나에 해당하는 날부터 30
> 일 이내에 「주식회사의 외부감사에 관한 법률」제3조에
> 따른 감사인의 회계감사를 받아야 한다.

제6장 사업시행

제40조(시행방법)

① 조합원이 토지매입자금과 건축비 등을 부담하고, 주택법령에 따른 주택건설사업자를 시공자로 하여 공동주택과 상가 등 복리시설을 건립한다. 이 경우 조합과 시공능력이 있는 주택건설사업자를 공동사업주체로 한다.

② 인·허가 등 각종 행정절차, 설계·시공업체의 선정방법, 관리처분계획의 수립 등 전문지식이 요구되는 업무에 대해서는 전문기관 등에 자문을 구할 수 있다.

③ 조합은 주택건설사업자와 대지 및 주택(상가 등 복리시설 포함)의 사용·처분, 사업비의 부담, 공사기간 그 밖에 사업추진상 각종의 책임 등에 관하여 법령이 정하는 범위 안에서 약정을 체결하여야 한다.

> 【주】「주택법 시행령」 제16조제2항제3호는 위 사항에 관한 약정을 체결하여 사업계획승인 신청을 하도록 하고 있어, 이를 명확히 규정한 것으로 개별 조합의 여건에 따라 관련 사항을 보다 구체화할 수도 있음.

④ 신축주택은 조합원에게 우선 공급하며, 남는 잔여주택 및 상가 등 복리시설은 주택법령에 따라 일반에게 분양한다.

⑤ 조합은 공동사업주체인 시공자와 별도로 정하는 약정에 따라 잔여주택 등을 분양하여 상환하거나 대물로 지급할 것 등을 조건으로 시공자에게 소요사업비의 일부를 직접 조달하도록 할 수 있다.

> 【주】 토지매입비 등을 시공자로부터 대여받아 사업을 추진하는 경우가 있으므로 그 근거를 명확히 하고자 한 것임.

제41조(사업시행기간)

사업시행기간은 조합추진위원회를 구성한 날부터 주택법령에 따른 사용검사를 받고 청산업무가 종료되는 날까지로 한다.

제42조(업무대행자의 선정 및 업무대행계약)

① 조합은 조합의 조합원 가입 알선 등 주택조합의 업무를 공동사업주체인 등록사업자 또는 다음 각 호의 어느 하나에 해당하는 자에게만 대행하도록 할 수 있다.

  1. 「주택법」 제4조에 따른 등록사업자
  2. 「공인중개사법」 제9조에 따른 중개업자
  3. 「도시 및 주거환경정비법」 제69조에 따른 정비사업전문관리업자
  4. 「부동산개발업의 관리 및 육성에 관한 법률」에 따른 등록사업자

5. 「자본시장과 금융투자업에 관한 법률」에 따른 신탁업자

6. 그 밖에 다른 법률에 따라 등록한 자로서 「주택법 시행
   령」에서 정하는 자

② 조합은 업무대행자의 선정 및 업무대행계약의 체결 시 총회의
   의결을 거쳐야 한다. 조합은 업무대행자에 대한 업무대행보수
   의 지급을 용역단계별로 순차적으로 지급하는 등 조합원의 손
   실을 방지하기 위한 조치를 취하여야 한다.

> 【주】 업무대행자가 조합설립인가 즉시 대부분의 업무대행비
> 를 수령하였으나 그 후 사업추진이 답보되는 등의 문제
> 가 발생하여 조합원의 손실이 초래되는 상황을 방지하고
> 자 조합규약으로 보수지급시기를 합리적으로 정할 수 있
> 도록 한 것임.

제43조(시공자의 선정 및 사업시행계약)

① 시공자는 「주택법」에 따른 공동사업주체의 요건을 갖추어야 하
   며, 총회의 의결을 거쳐 선정하여야 한다.

② 조합은 「주택법」에 따른 시공능력 있는 등록사업자와 공동으로
   사업을 시행할 수 있다.

> 【주】 주택조합이 그 구성원의 주택을 건설하는 경우에는 대통
> 령령으로 정하는 바에 따라 등록사업자와 공동으로 사업
> 을 시행할 수 있으며, 이 경우 주택조합과 등록사업자를
> 공동사업주체로 봄(「주택법」 제5조제2항).

【주】시공자의 선정·변경 및 공사계약의 체결은 주택법 시행
규칙 제7조제5항에 따라 총회의 의결사항에 해당됨.

③ 조합은 총회의 의결을 거쳐 시공지와 공사 및 관련 사업비의
부담 등 사업시행의 전반에 관한 내용에 관하여 공사도급계약
을 체결하여야 한다. 공사도급계약을 변경할 경우에도 같다.
다만, 조합원의 금전적 부담을 수반하지 않는 경미한 사항의
변경은 그러하지 아니하다.

【주】조합과 시공자 간의 계약은 조합원의 권익보호 및 사업
추진에 매우 중요한 사항이므로 조합과 시공자는 미리
공사 및 관련 사업비의 부담 등 사업시행 전반에 대한 내
용을 협의한 후 총회의 인준을 받아 계약을 체결토록 한
것임. 다만, 경미한 사항의 경우에도 총회의 의결로 하는
경우 사업추진에 지장을 줄 수도 있으므로 금전적 부담
이 수반되지 않는 경미한 사항 등은 총회의 의결 없이도
변경 가능하도록 한 것임.

④ 조합은 시공자와 체결한 계약서를 조합사무실에 비치하여야
하며, 조합원이 이의 열람 또는 복사를 원할 경우 이에 응하여
야 한다.

제44조(공동사업주체인 시공자의 의무)

① 시공자는 주택조합사업이 효율적으로 이루어지도록 선량한 관
리자의 주의의무를 다하여야 한다.

② 조합은 사업의 효율적 추진을 위해 필요하다고 판단할 경우 인·

허가 등 각종 행정절차 이행을 위한 업무에 대하여 시공자의 협조를 요청할 수 있으며 시공자는 이에 적극 협력하여야 한다.

③ 공동사업주체인 시공자는 시공자로서의 책임뿐만 아니라 자신의 귀책사유로 사업추진이 불가능하게 되거나 지연됨으로 인하여 조합원에게 가한 손해를 배상할 책임이 있다.

> 【주】「주택법」제11조제4항의 내용을 규약에 반영시켜 공동사업주체인 시공자의 책임을 환기하고 시공자가 선량한 관리자의 주의의무를 다하도록 함.

제45조(기성금 지급)

공사 기성금의 지급은 시공자와의 공사계약서에 정한 바에 따른다.

> 【주】주택조합에 대한 시공보증제도가 도입되어 시공자가 부도 등으로 시공책임을 이행할 수 없게 되는 경우에 공사이행의 책임을 지도록 하고 있으나, 구체적인 시공보증계약의 내용에 따라 지체상금 등은 시공보증의 대상에서 제외될 수도 있으며, 모든 손해의 전보가 이루어진다고 단정할 수 없으므로 가급적 기성율에 따라 공사대금을 지급하는 것이 바람직함.

제46조(부동산의 신탁)

① 조합원은 사업의 원활한 추진을 위하여 사업부지를 조합에 신탁등기하여야 한다.

② 조합은 수탁받은 재산권을 사업시행 목적에 적합하게 행사하

여야 하며, 사업이 종료되면 즉시 신탁을 해제하여 당해 조합원에게 재산권을 반환하여야 한다.

③ 다음 각 호의 등기를 하는 경우에는 「민법」 제276조제1항과 「부동산등기법 시행규칙」 제56조제3호에 따른 조합원 총회의 의결은 별도로 받지 아니한다.

　　1. 조합이 사업부지를 매입하는 경우 및 신탁을 원인으로 하는 등기
　　2. 사업종료 또는 조합원 자격상실에 따른 신탁해지 등을 원인으로 하는 소유권이전등기, 신탁원부 변경등기
　　3. 사업지구 변경 또는 기타 토지의 매입 등 사업지구 승인 면적 외의 부동산 매입에 따른 소유권이전등기
　　4. 교환, 합병, 분할, 공유물 분할, 기부채납 등에 의하여 발생되는 각종 등기
　　5. 상가분양, 유치원매각, 학교부지매각 등에 따른 처분등기

　　【주】사업의 효율적 추진을 위하여 신탁등기에 관한 근거 규정을 마련할 필요가 있음. 또한 효율적인 사업추진을 위하여 사업추진을 위한 등기의 경우에는 별도의 조합원 총회의 의결 없이 신탁등기 등이 가능하도록 한 것임.

제47조(부기등기)

조합은 토지를 취득한 후 사업부지에 대하여 사업계획승인 신청과 동시에 「주택법」에 따른 부기등기를 할 수 있으며, 일반분양한 주택에 대하여 소유권보존등기와 동시에 부기등기를 할 수 있다.

【주】부기등기는 선분양제도하에서 입주예정자(일반분양자)들을 보호하기 위한 제도이므로 주택조합원이 주택조합에 대지를 신탁한 경우 부기등기를 하지 아니하여도 무방함(「주택법」 제61조제3항, 「주택법 시행령」 제72조제2항제1호 다목). 그러나, 「주택법 시행령」 제72조제2항제1호다목의 규정은 부기등기를 하지 아니할 수 있다는 취지이지 부기등기를 금지하는 취지는 아니므로 경우에 따라서는 부기등기를 할 수도 있을 것임.

제48조(조합주택의 공급)

① 조합원에게 공급하는 주택의 규모는 조합의 사업계획 및 사업계획승인의 내용에 따라 평형별로 확정한다.

② 신축주택의 평형별 배정은 조합원이 납입한 부담금을 기준으로 결정한다.

③ 조합원의 동·호수 결정은 조합이 결정한 지정시기에 공정한 추첨 방법에 의하여 결정한다. 세부적인 추첨 방법은 별도로 정할 수 있다.

　　　【주】추첨시기 및 방법은 사업 진행의 정도에 따라 조합원 총회 또는 이사회에서 결정할 수 있을 것임(예 : 입주일 3개월 전 등).

④ 동·호수에 따라 분양가격(조합원 부담금)의 차등을 둘 수 있으며, 이때에는 추첨 전에 분양가 또는 분양가 산정의 방법을 공개하여야 한다.

【주】동·호수에 따라 시가에 차이가 있는 경우에 이를 반영할 필요가 있으므로 그 경우에는 추첨 전에 분양가 또는 분양가 산정방법을 공개하도록 하여 조합원들 사이의 분쟁을 예방할 필요가 있음. 분양가 산정이 완료되지 않은 경우에는 부동산전문회사(부동산투자자문회사, 감정평가회사) 등에 의뢰한 평가결과에 따른다는 정도의 내용을 공개하고, 추후 평가결과에 따라 정산할 수 있을 것임.

제49조(일반분양)

① 조합원에게 분양하고 남는 주택이 30세대 이상인 경우에는 주택법령에 따라 일반에게 공개분양하여야 한다.

② 잔여주택이 30세대 미만인 경우와 상가 등 복리시설에 대하여는 조합원 총회 또는 이사회의 의결에 따라 임의분양할 수 있다.

제50조(입주자로 선정된 지위의 전매 등)

① 본 조합에서 공급하는 주택의 입주자로 선정된 지위는 주택법령 등 관계규정이 정하는 전매금지기간을 경과하지 아니한 때에 타인에게 전매(양도·증여)할 수 없다.

② 조합원이 사업계획승인 후 제1항의 규정에도 불구하고 불법적으로 전매하였을 때에는 조합은 이사회의 의결로 해당 조합원을 제명할 수 있다.

【주】「주택법」제64조제1항제1호 및 제3항, 같은 법 시행령 제
22조제1항제2호나목

투기과열지구 안에서 사업주체가 건설·공급하는 주택
또는 주택의 입주자로 선정된 지위에 대하여는 주택건설
사업계획의 승인 이후에도 10년 이내의 범위에서 대통령
령으로 정하는 기간이 지나기 전에는 이를 전매(매매·증
여 등 일체의 행위를 포함하되, 상속·저당의 경우는 제외)할 수 없으
며, 이의 전매를 알선하여서도 아니 된다. 이를 위반하여
전매가 이루어진 경우에 사업주체가 이미 납부된 입주금
에 대하여 은행의 1년 만기 정기예금 평균이자율을 합산
한 금액을 그 매수인에게 지급한 경우에는 그 지급한 날
에 사업주체가 취득한 것으로 본다.

제7장 완료조치

제51조(입주 등)

① 조합원은 공사완료 30일 이전에 등록사업자가 통보한 입주자 사전점검일에 공사 목적물을 사전점검 할 수 있다.

② 조합은 공사를 완료하고 사용검사필증을 교부받은 때에는 등록사업자와 협의하여 조합원에게 입주일자를 통지하여야 한다.

③ 조합원은 제2항에 따라 지정된 입주일자에 입주하는 경우, 잔금납부와 조합원 부담금, 연체료 등을 완납하여야 한다. 이를 완납하지 아니한 자에게는 입주를 허용하여서는 아니 된다.

④ 조합이 제2항에 따라 입주통지를 한 때에는 지체 없이 소유자별로 등기신청을 할 수 있도록 필요한 조치를 하여야 하며, 사업부지 및 건축시설 중 일반에게 분양한 것에 대하여는 조합명의로 등기한 후 이전등기절차를 이행하여야 한다.

> 【주】입주자 사전점검 내용은 별도로 주택조합에서 마련하고, 사업의 특성을 고려하여 골조공사가 완료된 이후 조합원의 현장방문과 선택형 내부구조변경 및 마감재 등을 선

택하게 할 수 있을 것임.

【주】입주기간을 시공자가 일방적으로 지정할 경우 입주자의 입주시기, 잔금납부 등의 문제가 발생할 수 있어 이를 조합과 협의하여 입주기간을 지정토록 한 규정이며 통상 30일 동안으로 한다.

제52조(조합의 해산)

① 조합은 입주 및 등기절차가 완료된 후 지체 없이 총회를 소집하여 조합의 해산을 결의해야 한다.

② 조합이 해산을 결의한 때에는 해산 당시의 조합장이 청산인이 된다.

③ 조합이 해산하는 경우 청산에 관한 업무와 채권의 추심 및 채무의 변제 등에 관하여 필요한 사항은 「민법」의 관계규정에 따른다.

④ 조합이 해산하는 경우, 다음 각 호의 서류를 첨부하여 관할 행정관청의 해산인가를 받아야 한다.
   1. 주택조합 해산인가 신청서
   2. 조합원의 동의를 얻은 정산서
   3. 기타 해산인가에 필요한 서류
   【주】「주택법 시행령」 제20조의 내용을 규정한 것임.

제53조(청산인의 임무)

청산인은 다음 각 호의 업무를 성실히 수행하여야 한다.

    1. 조합 청산사무의 종결

    2. 채권의 추심 및 채무의 변제

    3. 잔여재산의 처분

    4. 기타 청산에 필요한 사항

제54조(채무변제 및 잔여재산의 처분)

청산 종결 후 조합의 채무 및 잔여재산이 있을 때에는 해산 당시의 조합원에게 조합원의 권리(통상적으로는 부담금의 액수가 될 것임)에 비례하여 공정하게 배분하여야 한다.

제55조(관련서류의 이관)

조합은 사업을 완료하였을 때에는 다음 각 호의 서류를 당해 공동주택을 관리하는 관리주체에 이관하여 이를 보관하도록 하여야 한다. 다만, 관할 행정기관이 관련서류의 이관을 요청하는 때에는 그 요청에 따라야 한다.

    1. 조합설립인가 및 사업계획승인에 관한 서류

    2. 조합의 규약 또는 내부 규정에 관한 서류

    3. 조합주택의 공급내역 및 청산에 관한 명세서류

    4. 기타 주택의 관리를 위하여 필요하다고 인정되는 서류

제8장 보칙

제56조(다른 규정의 적용)

① 이 규약에서 정하는 사항 외에 조합의 운영과 사업시행 등에
관하여 필요한 사항은 관계법령 및 관련 행정기관의 지침, 지
시 또는 유권해석 등에 따른다.

② 이 규약에서 정한 사항이 법령 등의 개정으로 인하여 관계법령
에 위배될 경우에는 관계법령에 따른다.

제57조(규약의 해석)

이 규약의 해석에 대하여 이견이 있을 경우 1차적으로 이사회에서
해석하고, 그래도 이견이 있는 경우 대의원회에서 해석한다.

제58조(소송 관할)

조합과 조합원 사이에 법률상 다툼이 있는 경우 소송 관할은 조합
소재지 관할법원으로 한다.

부칙

이 규약은 ○○○○년 ○○월 ○○일부터 시행한다.

※ 동 선거관리규정은 주택조합을 준비 중인 조합에서 조합규약의 하위규정인 선거
　관리에 관한 규정을 작성할 때 참고토록 하는 자료로서 법적 구속력은 없습니다.

지역 · 직장주택조합
임원 선거관리 가이드라인

2016. 12.

 국토교통부

제1장 총칙

제1조(목적)

이 규정은 「주택법」 및 조합규약에 따라 ○○지역(직장)주택조합의 임원(조합장, 이사, 감사)을 공정하게 선출하기 위하여 필요한 사항을 정함을 목적으로 한다.

제2조(적용범위)

조합의 임원 선거는 조합규약에서 따로 정하는 사항 이외에는 이 규정에 따른다. 조합의 대의원 선거는 본 규정을 준용하여 할 수 있다.

> 【주】대의원회가 실질적으로 운영되는 대규모 조합의 경우에는 대의원 선거도 필수적으로 본 규정에 따르도록 규정하는 것도 고려할 수 있을 것임.

제2장 선거관리위원회

제3조(선거관리위원회의 설치)

이 규정에 따른 선거를 관리하고 집행하기 위하여 조합 선거관리
위원회를 둔다.

제4조(선거관리위원회의 구성)

① 선거관리위원회는 위원장을 포함하여 3인 이상 5인 이내의 선
거관리위원으로 구성한다.

② 선거관리위원은 조합원 중에서 후보자를 등록받아 이사회 또
는 대의원회 의결을 통해 선임하며, 선거관리위원장은 선거관
리위원 중에서 호선한다.

③ 제2항에 불구하고 선거관리의 공정성과 전문성 확보를 위해 필
요한 경우 조합은 이사회 또는 대의원회의 의결을 거쳐 관할
시장 · 군수 · 구청장 또는 조합 소재지를 관할하는 시 · 군 · 구
선거관리위원회의 추천을 받아 조합원이 아닌 자를 선거관리

위원으로 선임할 수 있다.

④ 임원 및 임원입후보자는 선거관리위원이 될 수 없다.

⑤ 선거관리위원의 임기는 위촉된 때부터 당해 선거업무가 종료
된 때까지로 한다.

> 【주】선거관리위원의 수는 조합의 규모에 따라 적절한 인원으
> 로 구성할 수 있을 것임.

제5조(선거관리위원회의 조직)

① 조합 선거관리위원회에는 선거관리위원장 1인을 둔다.

② 선거관리위원장은 선거관리위원 중에서 호선한다.

③ 선거관리위원장은 조합 선거관리위원회를 대표하며, 선거에
따른 제반업무를 총괄한다.

④ 선거관리위원이 임기 중 사임하는 등의 사유로 궐위된 경우에
는 조합 선거관리위원회는 이사회, 대의원회의 추천 또는 선거
관리위원의 추천을 받아 조합 선거관리위원회의 의결로서 즉
시 보궐선임하여야 한다.

> 【주】선거관리위원장 외에 선거관리위원장의 업무를 보좌하
> 기 위하여 선거관리위원 중 '간사'를 둘 수도 있을 것임.
> 간사를 두는 경우에도 선거관리위원 중에서 호선할 수
> 있을 것임.

제6조(선거관리위원회의 직무)

조합 선거관리위원회는 다음 각 호에 관한 직무를 수행한다.

　　　　1. 선거에 관한 안내 및 공고

　　　　2. 선거인명부 작성 및 투표자 신원 확인

　　　　3. 입후보자 등록 및 자격심사

　　　　4. 투표용지 작성 및 관리

　　　　5. 투표 및 개표관리

　　　　6. 투표지의 유·무효 심사 및 판정

　　　　7. 기호배정 관리

　　　　8. 당선자 공포·공고

　　　　9. 선거 위반사항에 대한 조사, 심사 및 판정

　　　　10. 선거운동의 방법 및 감독

　　　　11. 기타 선거에 관련된 사항

제7조(선거관리위원회의 소집 및 의결)

① 선거관리위원장은 선거의 집행, 관리를 위한 일정계획을 수립
　하고 필요에 따라 선거관리위원회를 소집할 수 있다.

② 선거관리위원 3분의 1 이상의 소집요구가 있는 경우 선거관리
　위원장은 회의를 소집하여야 한다. 선거관리위원장이 회의 소
　집을 거부할 때에는 소집을 요구한 대표자가 직접 회의를 소집
　할 수 있다.

③ 조합 선거관리위원회는 재적위원 과반수 찬성으로 의결한다.

제8조(선거사무의 협조)

① 조합장은 선거관리위원회로부터 선거사무에 관하여 필요한 협조의 요구가 있을 때에는 우선적으로 이에 응하여야 한다.

② 조합은 선거관리위원회가 선거관리를 위하여 사용한 경비를 부담하여야 한다.

③ 조합은 선거관리위원의 회의 참석 수당을 지급할 수 있다.

제3장 후보자 등

제9조(입후보 자격)

① 임원으로 입후보하고자 하는 자는 피선출일 현재 조합원에 한한다.

② 다음 각 호의 자는 임원으로 입후보할 수 없다.

    1. 미성년자 · 피성년후견인 · 피한정후견인

    2. 파산선고를 받은 사람으로서 복권되지 아니한 사람

    3. 금고 이상의 실형을 선고받고 그 집행이 종료(종료된 것으로 보는 경우를 포함한다)되거나 집행이 면제된 날부터 2년이 경과되지 아니한 사람

    4. 금고 이상의 형의 집행유예를 선고받고 그 유예기간 중에 있는 사람

    5. 금고 이상의 형의 선고유예를 받고 그 선고유예기간 중에 있는 사람

    6. 법원의 판결 또는 다른 법률에 따라 자격이 상실 또는 정지된 사람

    7. 본 주택조합의 공동사업주체인 등록사업자 또는 업무대

행사의 임직원

8. 본 주택조합의 시공사 또는 업무대행사의 임직원

【주】「주택법」 및 조합규약에 따른 임원자격 결격자에 대한 규정임.

제10조(후보자 등록)

① 조합 선거관리위원회는 다음 각 호의 사항을 포함한 후보자 등록에 관한 사항을 조합사무실 및 인터넷홈페이지 등에 공고하여야 하며, 필요하다고 판단될 경우 조합원에게 일반우편, 등기우편의 방법으로 통지할 수 있다.

1. 후보자 등록 기간
2. 등록 장소
3. 선출해야 할 임원의 수
4. 등록 시 제출서류
5. 후보자 등록 요건
6. 그 밖에 조합 선거관리위원회가 따로 정하는 사항

② 입후보등록을 하고자 하는 자는 선거관리위원회 소정 양식의 입후보등록 관련서류를 모두 갖추어 선거관리위원회가 정한 기간 내에 입후보등록신청을 하여야 한다.

③ 선거관리위원회는 임원으로 입후보하고자 하는 자는 조합원 ○○명 이상의 추천을 받을 것을 입후보의 요건으로 정할 수 있다.

【주】입후보자의 난립을 막아 선거절차를 합리적으로 운영하기 위하여 추천인을 둘 수 있으나, 추천인 요건이 과도할 경우 조합원의 피선출권을 제한하게 되므로 과다한 추천인 요건을 두는 것은 바람직하지 않음. 조합의 실정에 따라 추천인 요건을 둘 수 있도록 함.

【주】주택조합의 임원은 사업시행에 관한 서류 및 관련 자료를 인터넷과 그 밖의 방법을 병행하여 공개해야 함(「주택법」 제12조 관련 자료의 공개) 제1항. 조합 홈페이지 등 인터넷을 통한 정보공개가 법률상 의무화되었으므로, 임원입후보에 관한 공고도 홈페이지 등을 이용할 수 있을 것임.

제11조(기호배정 및 후보자확정공고)

① 입후보자가 2인 이상으로서 기호배정이 필요한 경우에는 추첨에 의한다.

② 선거관리위원회는 후보자의 기호가 배정된 경우에는 후보자확정 및 기호배정사실을 조합 홈페이지 등에 공고한다.

제4장 선거관리 및 투·개표

제12조(선거운동)

① 후보자는 자신의 능력, 자질 및 공약사항 등을 조합원에게 충분히 알리기 위하여 선거운동을 할 수 있으나, 이 규정과 조합 선거관리위원회가 정한 범위 내에서 행하여야 한다.

② 선거운동기간은 후보자확정공고 다음 날부터 선거일 전일 24:00까지로 한다. 다만, 선거일인 총회에서 합동연설회를 개최하는 경우 후보자의 연설에 한하여 허용한다.

③ 후보자의 자질과 능력을 조합원에게 충분히 알리기 위하여 해당 후보자 간의 합의가 있으면 총회일 전에도 합동연설회를 개최할 수 있으며, 각 후보자 간의 발표시간은 해당 후보자 간의 합의와 선거관리위원회의 의결에 따른다.

④ 후보자는 조합원에게 금전·물품 그 밖의 재산상 이익을 제공하거나, 이익제공의 의사표시 또는 그 제공을 약속하는 행위를 할 수 없다.

⑤ 후보자는 허위사실을 유포하여 특정 후보를 비방하는 언행을 하여서는 아니 된다.

⑥ 혼탁한 선거운동을 방지하기 위하여 선거운동의 위반 사실이 발견된 경우에는 선거관리위원장은 그 시정을 명할 수 있으며, 그 위반사실을 발표할 수 있다.

제13조(선출 방법)

① 임원은 총회에서 조합원 과반수 출석과 출석조합원 과반수의 찬성으로 선출한다. 다만, 1차 투표에서 과반수 이상의 득표자가 없을 경우 1차 투표에서 최다득표를 한 자 2인을 대상으로 2차 투표를 실시하고, 2차 투표에서도 과반수 이상의 득표자가 없을 경우 3차 투표를 통해 최다득표수로 선출할 수 있다.

【주】표준 조합규약 제16조(임원의 선출) 규정에 따른 것임.

② 서면(결의)투표의 경우 제2차, 제3차 투표 시에도 동일한 후보자에 투표한 것으로 간주하며, 2차 투표에 오르지 못한 자에게 투표한 경우에는 기권표로 간주한다.

제14조(투표 방법)

① 투표는 직접 참석투표 및 서면(결의)투표의 방법으로 하고, 관계법령 및 조합규약에 따른다.

② 직접 참석투표는 총회 당일 총회장에 조합원이 직접 참석하여야 하는 투표로서 비밀투표를 원칙으로 하되, 경합자가 없는 경우 등에는 거수에 의한 방법으로 할 수 있다.

③ 서면(결의)투표는 선거관리위원회가 발행한 서면(결의)투표지를 작성하여 총회 전일까지 선거관리위원회에 직접 또는 우편으로 제출하거나 선거관리위원회가 지정하는 자를 통하여 제출하는 방식에 의한 투표를 말한다.

④ 제3항에서 정한 방법 이외의 방법으로 제출된 서면(결의)투표지는 무효로 한다.

⑤ 제출된 서면(결의)투표지는 개표 일까지 선거관리위원회가 별도 보관한다.

> 【주】표준 조합규약 제24조(총회의 의결방법) 제4항, 민법 제73조(사원의 결의권) 제2항에 따라 총회에서 서면에 의한 결의방법이 인정되므로, 임원선출 투표의 경우에도 총회 직접 참석을 하지 못하는 경우에 사전 서면(결의)투표를 인정하고, 그 세부방법은 선거관리위원회가 조합의 실정을 고려하여 정할 수 있도록 한 것임.

제15조(투 · 개표 참관)

투표 · 개표 시 필요한 경우 후보자 또는 후보자가 지명한 자의 참관을 허용할 수 있으며, 투 · 개표 참관에 필요한 사항은 선거관리위원회에서 정한다.

제16조(무효투표)

다음 각 호의 어느 하나에 해당하는 투표는 무효로 한다.

  1. 정규의 투표용지를 사용하지 아니한 경우
  2. 기표가 안 된 경우
  3. 중복으로 표기한 경우
  4. 기표란을 벗어나 어느 난에 기표한 것인지 식별할 수 없는 경우
  5. 기타 의사표시가 불분명하여 선거관리위원회가 무효처리한 경우

제17조(개표 및 당선공고)

① 투표가 완료되면 선거관리위원회는 신속하게 개표하여야 한다.

② 개표결과가 확정되면 선거관리위원장은 개표결과 및 당선자를 즉시 공포한다.

제18조(후보등록 취소)

① 선거관리위원회는 선거과정에서 다음 각 호의 행위를 한 자에 대하여 선거의 공정성이 중대하게 침해되었다고 판단되는 경우 선거관리위원회의 의결로 후보등록을 취소할 수 있다.

  1. 선거운동 과정에서 조합원 등에게 향응이나 금품을 제공하는 행위
  2. 후보등록 요건이나 기재사실 등에 허위가 발견된 경우

3. 허위사실로서 특정 후보자를 비방하거나 중상하는 행위

4. 선거관리위원회가 금지한 사항을 위반하는 행위

5. 후보자 서약서의 서약내용을 위반하는 행위

6. 선거관리위원회의 시정명령을 2회 이상 받고도 동일한 행위를 하는 경우

7. 조합규약에서 정한 선출요건에 하자가 있는 경우

② 선거관리위원회는 후보등록을 취소하기 위한 의결을 할 때에는 사전에 해당자에게 소명기회를 부여하여야 한다.

③ 선거관리위원회는 제1항에 의거 등록이 취소된 자에게는 그 사유를 명시하여 즉시 통지하여야 한다.

제5장 보칙

제19조(창립총회에서의 선거)

① 조합창립총회에서 확정된 규약에 따라 임원을 선출하는 경우
에도 이 선거관리규정에 따른다.

② 창립총회 시의 선거관리위원은 조합설립추진위원회 위원장,
발기인 등이 조합원 중에서 추천을 받아 임명한다.

제20조(투표지 보관)

① 선거가 끝난 후의 투표지는 선거관리위원장이 봉인, 날인하여
조합에서 보관한다.

② 투표지의 보관기간은 6개월 이상으로 한다.

제21조(유권해석 등)

본 규정의 운용과 관련하여 유권해석이 필요한 경우 조합 선거관

리위원회에서 선거관리위원의 의견을 취합하여 의결한다.

제22조(법령의 변경)

이 규정에서 정한 사항이 법령 등의 개정으로 인하여 관계법령에 위배될 경우에는 관계법령에 따른다.

부칙

이 규정은 총회에서 의결된 날부터 효력을 갖는다.

지역 · 직장주택조합
표준업무대행계약서

2016. 12.

 국토교통부

계약조건

【 표준업무대행계약서의 활용방법 】

 지역 · 직장주택조합의 업무추진의 실태를 살펴보면, 조합이 먼저 구성되어 스스로 사업계획을 수립하고 사업을 시행하는 것이 아니라 업무대행사에 의해 사업계획이 수립되고 업무대행사에 의해 조합원이 모집되는 사례가 많은 것이 일반적인 것이 현실이다. 그동안 주택법은 주택법에 의한 등록사업자에 한하여 주택조합의 업무대행자격을 부여하고 있었으나, 현실에서는 무자격 업무대행사에 의한 조합원 모집과 사업시행이 이루어졌고, 전문성 없는 무자격 업무대행사 주도의 사업시행의 결과 많은 문제가 발생하였다. 이러한 문제점을 해소하고자 업무대행자의 자격요건을 주택법에 명문화하고, 업무대행자의 업무범위도 구체화하였다.

 업무대행자의 자격에 관하여는 주택법 개정법률(법률 제13805호, 2016. 1. 19. 공포, 2016. 8. 12. 시행)에 따라 「주택법」에 따른 등록사업자에 추가하여 「공인중개사법」 제9조에 따른 중개업자, 「도시 및 주거환경정비법」 제69조에 따른 정비사업전문관리업자, 「부동산개발업의 관리 및 육성에 관한 법률」 제4조에 따른 등록사업자, 「자본시장과 금융투자업에 관한 법률」에 따른 신탁업자 등으로 확대되었다. 주택조합사업의 체계적인 관리와 주택조합과 업무대행자 간 권한·책임한계 설정을 위하여, 업무대행자의 업무범위를 조합원 모집, 토지확보, 조합설립인가 신청 등의 조합설립을 위한 업무의 대행 등으로 구체화하는 법률의 개정도 2016. 12. 2. 이루어져 2017. 6. 3.부터 시행된다. 업무대행자의 귀책사유로 인한 조합 또는 조합원의 피해에 대하여 업무대행자에게 손해배상책임을 부여하는 한편, 업무대행의 범위, 업무대행비 지급일정·방법, 계약의 해지 등에 관한 "표준업무대행계약서"를 마련하여 보급할 수 있도록 하였다.

지역·직장주택조합 표준업무대행계약서는 업무대행계약을 체결할 경우 계약서상에 명시하여야 할 사항과 계약서 작성에 유의할 점 등을 미리 제시함으로써, 조합원은 물론 주택조합의 인가권자, 주택조합의 임원, 업무대행자 및 일반인들이 편리하게 사업을 추진할 수 있도록 도움을 주기 위하여 제공하는 것이다.

표준업무대행계약서는 주택조합이 업무대행자와 업무대행계약을 체결할 때, 업무대행자의 업무범위, 업무대행비 지급일정·방법, 계약의 해지 등에 관한 계약체결상의 방법을 예시하는 하나의 가이드라인으로 법적 구속력은 없다. 조합·업무대행자·사업부지의 특징과 여건에 따라 각자에게 적합한 계약서가 작성되어야 한다. 표준업무대행계약서상의 관련 조항을 각자의 실정에 맞도록 추가, 삭제, 수정할 수 있도록 관련 법규 조항과 내용을 부기하였다.

주택조합의 실정에 따라 계약내용을 변경할 경우에는 사업의 추진과정에서 발생할 수 있는 분쟁의 최소화(예방)를 위해 모호한 규정 또는 일방에게만 유리할 수 있는 조건 등은 가능한 한 지양하고 주택조합사업이 소기의 목적대로 원활하게 추진될 수 있도록 하여야 할 것이다. 또한 계약내용들은 관계법령에 위반하여서는 아니 된다.

표준공사계약서에서 사용된 용어 또는 기호의 정의는 다음과 같다.

【주】: 표준업무대행계약서에 직접 규정한 사유와 관계법령의 근거 및 해당 조항이 지니는 의의와 성격을 설명하였고, 실제 계약서 작성 시 주의해야 할 내용 · 기준 · 범위 및 출처 등을 설명한 것임.

○ : 표준계약서에 직접 규정하기 어려운 사항으로 명칭 및 사업부지의 위치, 대표자 성명, 구체적인 수치 등을 계약서 작성 시 기재해야 할 사항임.

표준업무대행계약서

1. 계약명 : ○○주택조합아파트 신축사업 업무대행계약

2. 사업개요

　　위치 : ○○시 · 도 ○○구 ○○동 ○○번지 외 ○○필지

　　대지면적 :　　　　　　　㎡

　　건축연면적 :　　　　　　㎡

　　세대수 및 건축규모 :

　　(상기 사업개요는 인 · 허가과정에서 변경될 수 있으며, 최종 사업계
　　획승인 시 확정됨)

4. 계약내용 : 첨부 계약조건에 의함

　　위 계약에 관하여 ○○주택조합(이하 "갑"이라 한다)과 조합업무
대행사 ○○○(이하 "을"이라 한다)은 첨부 계약조건으로 조합업무
대행계약을 체결하고, 신의에 따라 성실하게 계약상의 의무를 이
행할 것을 확약하며, 이 계약의 증거로서 계약문서를 2통 작성하
여 각각 1부씩 보관한다.

붙임서류 : 계약조건 1부

　　　　　　　　　　　　　　　　　　　　　년　　　월　　　일

("갑")

주　소 :

조합명칭 :

조합장 :　　　　　　　(인)

("을")

주　소 :

상　호 :

대표자 :　　　　　　　(인)

계약조건

제1조(총칙)

○○주택조합(이하 "갑"이라 한다)과 ○○○○(이하 "을"이라 한다)는 ○○시 · 도 ○○구 ○○동 ○○번지 외 ○○필지 일원에 "갑"이 추진하는 주택조합사업의 성공적인 추진을 위하여 "을"이 제반업무에 관하여 조합업무대행을 수행함에 있어 "갑"과 "을" 상호 간의 권리와 의무를 정하기 위하여 본 계약을 체결한다.

> 【주】 표준업무대행계약서에는 설립인가 된 조합이 계약당사자로 표시되어 있으나, 업무대행자의 주요업무 중의 하나가 '조합원 모집'이므로, 설립인가 전 (가칭)○○주택조합 설립추진위원회가 계약당사자가 되는 경우도 있을 것임.

제2조(당사자 간의 지위)

① "갑"은 본 사업(○○주택조합사업)의 시행자로서, "을"에게 본 계약서 제4조의 업무를 위임하고, "을"은 "갑"으로부터 위임받은 업무를 성실히 수행한다.

② "갑"은 "갑"의 조합원 전체를 대표하며 본 계약조건에 따라 행한

"갑"의 행위는 조합원 전체의 권리·의무에 관한 행위로 간주한다.

③ "갑"이 주택조합설립인가 전 (가칭)○○주택조합설립추진위원
회에서 이미 진행한 일체의 업무는 그대로 승계되며, 본 계약
에서 정한 "을"의 지위나 이미 진행한 일체의 업무도 그대로 인
정, 승계된다.

> 【주】○○주택조합설립 전 (가칭)추진위원회와 업무대행자가
> 업무대행계약을 체결한 경우에는 ○○주택조합설립인가
> 후 추진위원회 단계에서 이미 진행한 일체의 업무를 설
> 립인가 된 ○○주택조합이 승계할 필요가 있으므로, 추
> 진위원회 단계에서 업무대행계약이 체결된 경우 설립인
> 가 된 조합이 이를 승계한다는 조항임.

제3조(업무대행자 자격의 확인 및 보증)

① "을"은 「주택법」에 따라 지역·직장주택조합의 업무대행자의
자격을 보유하고 있음을 "갑"에게 확인 및 보증하였으며, 관련
자격요건을 증빙할 수 있는 서류를 "갑"에게 제출한다.

> 【주】「주택법」 제11조제8항 참조.
>
> 「주택법」 제11조(주택조합의 설립 등)
>
> ⑧ 주택조합(리모델링주택조합은 제외한다) 및 그 조합의 구성
> 원(주택조합의 발기인을 포함한다)은 조합원 가입 알선 등
> 주택조합의 업무를 제5조제2항에 따른 공동사업주체
> 인 등록사업자 또는 다음 각 호의 어느 하나에 해당
> 하는 자에게만 대행하도록 하여야 한다.
> 1. 제4조에 따른 등록사업자
> 2. 「공인중개사법」 제9조에 따른 중개업자
> 3. 「도시 및 주거환경정비법」 제69조에 따른 정비사업

전문관리업자

4. 「부동산개발업의 관리 및 육성에 관한 법률」 제4조
   에 따른 등록사업자
5. 「자본시장과 금융투자업에 관한 법률」에 따른 신탁업자
6. 그 밖에 다른 법률에 따라 등록한 자로서 대통령령
   으로 정하는 자

② "을"이 위 자격요건을 상실하거나 관련법령에 따라 업무정지가
된 경우 "갑"은 이 계약을 해지할 수 있다.

제4조(업무대행의 범위)

"을"은 아래의 제반업무를 업무대행 하며 "갑"과 협의하여 성실히
수행한다.

1. 조합원 모집, 토지확보, 조합설립인가(변경인가 포함) 신
   청 등 조합설립을 위한 업무의 대행
2. 사업성 검토 및 사업계획서 작성업무의 대행
3. 설계자 및 시공자 선정에 관한 업무의 지원
4. 사업계획승인 신청에 관한 업무의 대행
5. 총회의 운영 및 임원 선거관리업무의 지원
6. 「주택법」 제11조제8항제5호에 따른 업무대행자가 자금
   관리업무를 수탁하는 경우에는 그 대리사무
7. 그 밖에 총회의 운영업무 지원 등 「주택법 시행규칙」으
   로 정하는 사항 등

   【주】 업무대행자의 업무내용을 규정한 「주택법」 제○조,
   「주택법 시행규칙」 제○조 참조.

8. 그 밖에 "갑"이 요청하는 인허가 등 행정업무

> 【주】위에 열거되지 아니하였으나 조합의 행정업무 진행을 위해 필요한 업무가 있을 수 있고, 조합은 비전문가이므로, 조합이 요청하는 행정업무를 수행하여야 한다는 취지를 규정한 것임.

제5조(계약기간)

업무대행용역의 계약기간은 계약체결일로부터 "갑"이 청산총회를 완료하는 날까지로 한다.

제6조(대행업무 처리기준)

① "을"이 수행하는 제반업무는 관련법령 및 조합규약에 적합하게 진행되어야 하며, "갑"과 협의하여 수행한다.

> 【주】업무대행자의 조합업무대행범위가 광범위하므로, 업무대행의 기준을 일일이 명시할 수는 없으나 관계법령 및 조합규약에 따라 적법하고 정당한 절차를 거쳐 업무대행계약이 이루어져야 한다는 취지를 포괄적으로 규정한 것임.

② "을"은 조합원의 모집에 있어 "갑"과 "을" 및 시공자(시공예정자 포함) 간에 합의한 조합원 가입계약서(소정 양식)에 한하여 모집 계약을 체결할 수 있다.

> 【주】조합원 모집 과정에서 이중 분양, 금전 사고가 발생하는 사례가 있으므로 업무대행자에 의한 조합원 모집 시 조합 및 시공자와 합의한 양식 및 방식에 따라 조합원을 모집 하도록 함으로써 불법적인 조합원 모집을 방지하고자 함.

③ "을"은 조합원 모집 시 조합원 분담금, 업무추진비 등 명목여하를 불문하고 일체의 금원을 직접 수령할 수 없으며, "갑", "을" 및 "시공자(시공예정자 포함)"가 합의하여 지정하는 예금계좌로 수취하여야 한다.

> 【주】조합원 모집 과정에서 발생할 수 있는 금전 사고를 방지하고자 하는 것임.

④ "갑"은 필요하다고 판단할 경우 "을"에게 "을"의 직원 중 최소 1인 이상의 직원을 "갑"의 사무실에 상근 근무하도록 요청할 수 있고, 이 경우 "을"은 최소 1명을 "갑"의 사무실에 상근 근무하게 하여야 한다.

> 【주】상근인력의 파견이 필요할 경우 조합이 업무대행자에게 상근인력 파견을 요청할 수 있도록 한 조항임. 상근인력 파견이 필요한지의 여부, 이로 인하여 용역대금에 미치는 영향 등을 고려하여 해당 조항을 둘 것인지 여부를 결정할 수 있을 것임.

제7조(업무대행의 대가)

① "을"의 업무대행의 대가는 조합원 모집예정인 ㅇㅇㅇ명 기준으로 세대당 금 ㅇㅇㅇ만원을 곱한 금 ㅇㅇㅇ원으로 하며, 추후 사업계획승인 시 확정되는 조합원 세대수를 적용하여 정산한다. 사업계획승인 후 조합원 세대수의 증감이 있는 경우에는 업무대행의 대가는 사용검사 승인 후 최종 정산하기로 한다.

> 【주】조합원 모집이 업무대행자의 주요한 업무의 하나이고, 업무대행비의 산정방식으로 모집조합원 수를 기준으로

하는 사례가 많으므로 이를 기준으로 하는 업무대행비 산정방식임.

이러한 방식이 적절하지 않은 경우, 예컨대 이미 조합원이 모집된 상태에서 업무대행계약을 체결하는 경우 등에는 확정금액으로 업무대행용역비를 산정할 수도 있을 것임.

【주】 업무대행용역비를 모집조합원 수에 연동하여 책정한 경우에는 사업계획승인 후 조합원의 탈퇴, 자격상실 등의 사유가 발생하여 조합원 숫자가 감소하였다면 업무대행비도 이를 반영하여 정산할 필요가 있음.

【주】 위 계약조항은 조합원 모집 세대수를 기준으로 업무대행비를 산정하였으나, 건축세대수를 기준으로 업무대행비를 산정할 수도 있음.

이 경우의 계약조항은 예시하면 아래와 같음.

["을"의 업무대행용역비는 사업계획상 건축세대인 ○○○세대를 기준으로 합계 금 ○○○원으로 하고, 추후 사업계획승인 시 확정되는 세대수를 적용한다.]

② 본 사업의 수행 중 발생하는 "갑"의 사업비(금융비용, 광고비, 홍보관 설치비 등 분양과 관련하여 발생하는 비용, 조합운영비, 총회개최 실비 등 기타 본 사업의 제 비용)는 "을"의 조합업무대행비에 포함되지 아니한다.

【주】 업무대행비 이외에 조합사업을 위한 각종 용역비용이 업무대행계약에 포함되는 것인지의 여부에 대하여 추후 이견이 있을 수 있으므로, 본 계약서 제4조의 업무대행계약의 범위와 내용을 구체적으로 기재할 필요가 있고, 아울러 업무대행비에 포함되지 않는 내역을 명시할 필요도 있음.

③ "갑"이 사업을 수행하기 위하여 필요한 관계 전문분야(세무사, 법무사, 변호사, 회계사, 건축설계, 도시계획기술사, 감정평가사, 분양 대행용역사)의 용역 및 비용은 "을"의 업무범위에서 제외한다.

【주】본조 제2항과 마찬가지로 업무대행계약에서 제외되는 부분을 특정한 것임.

제8조(업무대행 대가의 지급시기)

① 조합업무대행비의 지급시기는 아래와 같다.

구분	지급시기	비율	금액 (원)	비고
계약금	조합설립인가 시	20%		
1차 중도금	사업계획승인 시	20%		
2차 중도금	착공 시	20%		
3차 중도금	사용검사 시	20%		
잔금	청산총회 완료 시	20%		

【주】조합업무대행계약의 계약기간이 통상 사업종료 시까지(본 계약 제5조 참조)임에 반하여, 조합창립총회, 또는 조합설립인가 후 대부분의 용역비가 지급되는 경우에는 그 이후 업무대행자가 업무를 태만히 하거나 업무대행을 하지 아니하는 등의 사유로 조합 및 조합원에게 피해가 발생할 우려가 있으므로, 용역단계별로 업무대행비를 순차적으로 지급할 필요가 있음.

【주】위 용역비 지급시기 및 지급비율은 예시이므로, 조합의
실정에 맞추어 적절한 지급시기 및 지급비율을 결정할
수 있을 것임.

② 조합원의 탈퇴, 또는 신규가입하는 등의 사유로 업무대행비를
정산하여야 할 사유가 발생할 경우 "갑"은 위 제1항의 각 지급
시기에 따른 업무대행비를 지급할 때 탈퇴, 또는 신규가입 조
합원에 해당하는 업무대행비를 정산한 후 지급하기로 한다.

【주】조합원 모집세대수에 따라 업무대행비를 지급하기로 하
는 계약인 경우 조합원 탈퇴 시에는 업무대행자가 조합
으로부터 기지급받은 업무대행비를 반환하여야 하고, 신
규가입하는 경우에는 업무대행비가 증가하게 되므로, 각
지급시기에 따라 업무대행비를 지급할 때 이를 정산하는
규정을 둔 것임.

제9조(자료제출 및 보관)

① "갑"은 "을"이 요청하는 본 사업 추진에 필요한 제반 서류를
"을"에게 교부하여야 하며, "을"은 제출된 자료를 선량한 관리
자의 주의의무를 다하여 보관하여야 한다.

제10조("갑"의 계약해지 및 해제)

① "갑"은 다음 각 호에 해당하는 사유가 발생하여 "을"이 계약을
이행할 수 없다고 판명된 경우에는 14일의 계약이행기한을 정
하여 서면으로 통보한 후, 동 기한 내에 이행되지 아니한 경우
본 계약을 해지 또는 해제할 수 있다.

1. "을"이 정당한 사유 없이 업무수행에 착수하지 아니한
경우
2. 업무대행용역대금에 대하여 압류, 가압류가 되거나 담
보제공, 양도 등이 이루어진 경우
3. "을"이 「주택법」에 따른 업무대행자 자격요건을 상실하
거나 업무정지처분을 받은 경우
4. 기타 "을"이 계약조건을 위반함으로써 계약의 목적을 달
성할 수 없다고 객관적으로 판단되는 경우

② "을"에게 기업개선작업, 기업회생신청 및 부도 등의 사유가 발
생한 경우에는 "갑"은 즉시 계약을 해제 또는 해지할 수 있다.

③ 제1항 및 제2항에 따른 사유로 "갑"이 계약을 해지 또는 해제한
때에는 그 사실을 즉시 "을"에게 통지하여야 한다.

제11조("을"의 계약해지 및 해제)

① "을"은 다음 각 호에 해당하는 사유가 발생하여 업무의 계속 수
행이 불가능하다고 객관적으로 판명된 경우에는 14일의 계약
이행기한을 정하여 서면으로 통보한 후, 동 기한 내에 이행되
지 아니한 경우 본 계약을 해지 또는 해제할 수 있다.
1. "갑"이 정당한 사유 없이 본 계약을 이행하지 않거나, 계
약사항에 정한 협의에 불응하여 업무의 계속적인 수행
이 불가능하다고 객관적으로 판단되는 경우
2. 기타 "갑"이 계약조건을 위반하여 약정목적을 달성할 수

없다고 객관적으로 판단되는 경우

② 제1항의 사유로 "을"이 계약을 해지 또는 해제한 때에는 그 사실을 즉시 "갑"에게 통지하여야 한다.

제12조(계약해지 및 해제 시의 처리)

① 제10조 및 제11조에 따라 계약이 해지 또는 해제된 때에는 "갑"과 "을"은 지체 없이 기성부분의 대가를 정산하여야 한다.

② 제10조 및 제11조에 따른 계약의 해지 또는 해제로 인하여 손해가 발생한 때에는 상대방에게 그 배상을 청구할 수 있다.

③ 계약의 해제 또는 해지 시점까지 "을"이 수행한 업무와 이로 인한 완성품에 대해서는 "갑"에게 귀속하고 "을"이 사업수행 중 "갑"으로부터 인수한 모든 서류 및 도서 등을 "갑"에게 반환하여야 한다.

제13조("을"의 귀책 및 손해배상)

"을"은 신의에 따라 성실하게 업무를 수행하여야 하고, 거짓 또는 과장 등의 방법으로 주택조합의 가입을 알선하여서는 아니 되며, 자신의 귀책사유로 조합 또는 조합원에게 손해를 입힌 경우에는 그 손해를 배상할 책임이 있다.

【주】「주택법」제11조 참조. 「주택법」에서 규정하고 있지만, 업무대행자의 업무 처리기준 및 손해배상책임을 명확히 하기 위하여 본 계약서에도 「주택법」규정을 인용함.

제14조(채권의 양도 등)

"갑"과 "을"은 상대방의 서면에 의한 승낙을 얻지 못하면 본 계약으로부터 생기는 권리 또는 의무를 제3자에게 양도, 담보제공, 승계시킬 수 없다.

제15조(비밀준수 의무)

"을"은 업무 진행상 취득한 "갑"에 대한 정보나 "갑"의 조합원에 대한 개인정보 등을 제3자에게 공개 또는 제공할 수 없다. 단, 법령에 의한 경우 및 본 사업의 업무수행을 위하여 "갑"이 동의한 경우에는 그러하지 아니하다.

제16조(분쟁 및 소송)

① 본 계약에 관하여 분쟁이 발생할 경우 "갑"과 "을"이 합의에 의하여 해결한다.

② 본 사업에 대한 재판 관할법원은 본 사업부지 소재지를 관할하는 법원으로 한다.

제17조(이권개입 금지)

① "갑"은 "갑"의 조합원이나 "을"과 조합규약에 명시된 이외의 이면계약이나 약속을 할 수 없다.

② "갑" 또는 "갑"의 조합원은 "을"이 수행하는 업무와 관련하여 어떠한 이권개입이나 청탁을 할 수 없다.

③ "을"은 본 업무와 관련하여 "갑" 또는 "갑"의 조합원 및 임원에게 부당한 금품이나 향응 등을 제공할 수 없다.

제18조(계약의 효력)

① 본 계약은 계약서 작성 후 "갑"의 조합원 총회의결을 받은 날로부터 효력을 발생한다.

② 본 계약은 "갑"의 대표자(조합장) 및 "갑"의 임원 등의 변경과 "을"의 대표자 변경에 영향을 받지 아니한다.

③ 제17조에 규정한 사항을 위반하여 부적법하고 불합리한 업무대행계약체결이 이루어졌다고 판단되는 명백하고 객관적인 사실이 입증되면 "갑"과 "을"은 본 계약을 해지 및 해제하거나 또는 취소할 수 있다.

> 【주】"갑"의 조합원 총회의 의결을 받은 날부터 업무대행계약서의 효력을 발생하도록 한 이유는 업무대행계약의 내용을 조합원에게 공개하도록 함으로써 조합운영의 투명성

을 보장하기 위한 것임. 또한 조합 집행부가 부정하게 업무대행자의 이익을 위하여 부당한 계약을 체결해 준 경우에는 계약을 해제할 수 있도록 하여 공정한 계약이 이루어지도록 하였음.

【주】업무대행자의 선정 및 업무대행자와의 계약은 조합원 총회의 결의사항임(「주택법 시행규칙」 제ㅇ조).

제19조(계약 외의 사항)

본 계약서에 명시되어 있지 않은 사항은 「주택법」, 「집합건물의 소유 및 관리에 관한 법률」, 「민법」 등의 관계법령에 따라 처리하되, 기타 세부실무 내용에 관하여는 "갑"과 "을"이 협의하여 처리한다.

제20조(특약사항)

기타 이 계약에서 정하지 아니한 사항에 대하여는 "갑"과 "을"이 합의하여 별도의 특약을 정할 수 있다.

-끝-

★ ★ ★ ★ ★
조현기 변호사의
쉽게 이해하는

지역주택
조합 해설집

초판 1쇄 발행 2021. 12. 3.
　　 2쇄 발행 2022. 5. 27.

지은이 조현기
펴낸이 김병호
펴낸곳 주식회사 바른북스

편집진행 김수현
디자인 최유리

등록 2019년 4월 3일 제2019-000040호
주소 서울시 성동구 연무장5길 9-16, 301호 (성수동2가, 블루스톤타워)
대표전화 070-7857-9719 | **경영지원** 02-3409-9719 | **팩스** 070-7610-9820

•바른북스는 여러분의 다양한 아이디어와 원고 투고를 설레는 마음으로 기다리고 있습니다.

이메일 barunbooks21@naver.com | **원고투고** barunbooks21@naver.com
홈페이지 www.barunbooks.com | **공식 블로그** blog.naver.com/barunbooks7
공식 포스트 post.naver.com/barunbooks7 | **페이스북** facebook.com/barunbooks7

ⓒ 조현기, 2022
ISBN 979-11-6545-557-6 03360